京都

歷史迷走

胡川安 著

洛中洛外屏風圖

作者序 **迷走京都**

在疫情期間，出版一本京都的書，又不能出國玩，不禁讓人覺得好奇。但或許正是這個時候，才需要這樣的書。書中沒有打卡祕境、沒有不可不去的知名景點、沒有驚呆了的美食，有的是古都的底蘊與文化，還有千百年來不間斷的生命力，塑造了無可比擬的文化古都。

台灣是個有活力的地方，很多城市都在推廣自己的文化。近幾年來，大家琅琅上口的「地方創生」，成為每個地方思考未來發展的重要方向。然而，不管是文化或是地方創意，都得回歸到每個城市最核心的文化。

兩三年前我寫了一本《東京歷史迷走》，相對於大家都去東京追求時尚和潮流，我認為東京其實是個具有傳統和歷史的城市。超過兩百五十年的江戶幕府所留下的生活和文化儀俗，仍然存在這個城市的骨髓和血液裡。這本京都的書和東京是一套的，相較於東京的傳統，我認為京都相當具備現代性。或者說，京都在每個時代中，都找到自己生存的方式，讓傳統與現代並行不悖，並且吸引全世界的人走進京都的歷史，充實京都的文化。

我們要瞭解自己文化的核心在哪裡，才能使城市讓人著迷，而願意在不同的角落迷路，走入文化和歷史的記憶中，感受真實的生活、情感和歷史的底蘊。

京都是座歷史的迷宮，層層疊疊，以王城的姿態，在悠久的歲月裡存在著，只是很多原有的景色已經截然不同。雖然一開始期許自己是「平安京」，但是氣候條件的關係，夏日梅雨季後，容易生疫病；因為是權力的中心，想要競逐政治勢力、問鼎中原的人物也會在京都大亂鬥，造成嚴重的死傷。

德川家康遷都江戶後，商業、政治和文化與京都形成競逐。讓京都受傷最大的事件就是天皇東遷，本來天皇和公卿貴族們都居住於此，讓此地具有濃厚的文化風尚，周邊相關的文化和產業的人們，一起維持古都的風華。然而，天皇遷到東京，使得京都喪失了重心。不過，富有生命力的京都人，開始讓京都成為一座適合觀光的都市，是一座文化古都，透過現代化的方式，讓所有到此的觀光客都能感受到，滲入生活每個層面的日本文化。

要懂京都，歷史是一把很好的鑰匙，讓旅人們可以隨時穿越到不同的時代。每年的「時代祭」由京都御所遊行到平安神宮，千年繁華的遊行隊伍，盡在一時展現，傳統與現代，在人們的心目中，宛若一條時間的長河，鮮活了起來。

在京都，很容易著迷。不管是一處風景、一間餐廳、一枚和菓子、一座石庭，都會被吸引住。背後是美學，且蘊含著複雜的深意與精確性，像身處龍安寺的庭園中，永遠無法數到十五顆，設計者透過巧思，讓觀者無法算清石頭的數目。其中帶著不可思議的嚴謹，卻在其中又可令人感受到雀躍喜樂，或許這也是禪的體悟吧！

在京都，容易迷路。因為四季都有迷人之處，容易處處留情。櫻花滿開的時節，繁櫻似錦，為京都的街頭妝點上活潑的氣氛，增添了一股緋紅的輕雲。櫻花的顏色具有層次性的差別，搭配上刻意修剪的枝幹，使得每株的姿態與景致都有可觀之處。炎熱的夏季有盛大的祭典，還可以在溪流之中享用川床料理，於水流平緩之處搭上木板，直接於川中享用料理，不僅消暑，還有無盡的風雅，夜晚則在鴨川邊沉浸在七夕的浪漫裡。

秋季的紅葉帶了點清幽和寂寥的氣氛，在四季的顏色即將結束的時候，靜靜的感受自然的訊息。送舊迎新的氣氛中，偶然在街角，或是在寺廟中，突然可以聞到一股馨香，或是在冬季寂寥灰白的顏色中看到一點色彩，那就是梅花的味道與顏色。春寒乍暖，但春意已到，通常在梅花綻放的時候，也即將進入新的一年，感受四季的再次循環。

穿越傳統與現代的迷走，翻開京都，也翻開《京都歷史迷走》，在閱讀間走進京都，不再走馬看花，而是理解文化創意背後的深層底蘊，在飲食和散步裡感受京都的美。

目錄

第一章

傳統。歷史記憶

天皇的京都：賀茂神社與京都御所

漫長的歷史中，京都始終以天皇為中心。或許，我們可以從一個重要的祭典——葵祭，來開始講述京都。

名為「平安京」的京都，原本是個模仿中國都市的古日本首都，但在歷史的發展過程中，卻也逐漸走出了一條自己的路。上千年的時間裡，就像是一個動態的城市，不斷地讓天皇、武士和平民間互動。同時京都也和不同城市互動，共同定義出日本的歷史。

京都三大祭典之一：葵祭

京都的歷史或許可以從「葵祭」談起，而葵祭也就是所謂的「賀茂祭」。

現代京都的三大祭典有葵祭、祇園祭和時代祭，但在過去，若提到祭典，只有葵祭，莫屬這才是京都流傳最久的祭典。

《源氏物語》第九章〈葵〉中，描述兩個女人爭奪源氏的愛，有一幕場景就是葵祭。舉行祭典前，皇室會選派女性為「齋王」，並在河邊淨身，這個儀式叫作「御祓」。《源氏物語》所記錄的這次葵祭因為擔任「齋王」的是皇太后所生的三公主，眾所注目，也因此讓祭典的場面較為盛大，而源氏當然也躬逢其盛。

賀茂神社其實是兩座神社的合稱，目前分別位於京都北區上賀茂的賀茂別雷神社（上賀茂神社）與左京區下鴨的賀茂御祖神社（下鴨神社），兩處距離三公里。在京都還沒有成為日本的國都之前，上賀茂神社便已經存在了。

天皇遷都京都後，上賀茂神社成為王城的守護神，天皇經常會駕臨祭祀，而八〇六年，賀茂祭在天皇的命令下開始舉辦，成為固定祭典。以往的「齋王」都由未婚皇女擔任，一九五六年之後，京都開始有不少的觀光客，而且要加強祭典與京都市民之間的關係，因此開始從一般京都平民女性中挑選。

賀茂祭會從京都御所開始朝兩座神社出發，隊伍使用葵花和葵葉當作裝飾，便也稱為葵祭。過去，每年的葵祭是農曆四月的酉日舉行，日本政府採用陽曆後，則統一在五月十五日舉行。

圖1

京都北區上賀茂的賀茂別雷神社，又名上賀茂神社（圖片來源：Pixabay）

圖2

左京區下鴨的賀茂御祖神社，又名下鴨神社（圖片來源：Pixabay）

圖3

葵祭（圖片來源：flickr）

圖4

葵祭（圖片來源：flickr）

葵祭的遊行隊伍相當值得一看，超過五百人會穿著平安時代風格的貴族服飾，從京都御所一路行走到上賀茂神社。遊行隊伍可以分為兩列，一列代表天皇的使者，以「敕使」為中心的主要隊伍；另一列是別列，稱為「齋王」列。「敕使」是天皇的使者，會向上賀茂神社的神祇傳達天皇的旨意。圍繞著「敕使」的主要為貴族男性官員和宗教官員。「齋王」則是女性為主，服飾展現出平安時代華麗的氛圍。

由於上賀茂神社的歷史悠久，比起京都設為國都的歷史還長，或許可以由此展開京都的故事。

歷經戰亂與大火的平安京

七九四年，桓武天皇將京城遷到京都盆地的中央，定名為「平安京」。從京都盆地北邊發源的賀茂川和高野川，由北向南流，匯合之後為鴨川。平安京的建都地點便位在鴨川與桂川之間。

平安京的城市規畫仿照唐代長安城的設計，皇城位於整個城市的北方，由皇城往南的是城市的中軸線，寬七十公尺，稱為「朱雀大路」，以此分為東邊的「左京」與西邊的「右京」。南北向的大路有十一條，東西向的大路有九條，從一条到九条，現在仍然存在京都的路名中。

北靠船岡山，南有巨椋池的平安京，東、西分別為鴨川和桂川，堪稱風水寶地。據說當初設立「平安京」是受到中國的風水思想影響，以北玄武、南朱雀、東青龍和西白虎四個守護神，選在「四神相應」的福地作為天皇的帝都。

雖然從目前京都的街道結構，還可以略微看出平安京的結構。但是，千年來，歷經戰亂與大火的平安京，原始樣貌已經不復見。日本考古學家長期以來尋找平安京的遺跡，曾經找到朱雀大路的痕跡，而舊的平安京也有不少遺跡被發現。

平安京的都城規模南北超過五公里、東西約四・五公里，大約是中國唐代長安城的四分之一。整個皇城的政治中心，稱為「大內裏」，包含天皇的辦公區和居住區。根據唐長安的設計特色即為「条坊制」，由東西向和南北向的路，交錯形成棋盤狀。棋盤中的每個最小單位稱為「町」，是提供貴族與平民居住的空間。

具體來說，平安京的左京和右京還是有些區別，左京主要是仿照唐代的洛陽城而建；右京則是唐代長安城。然而，雖說京都盆地是福地，但當初進行都市計畫

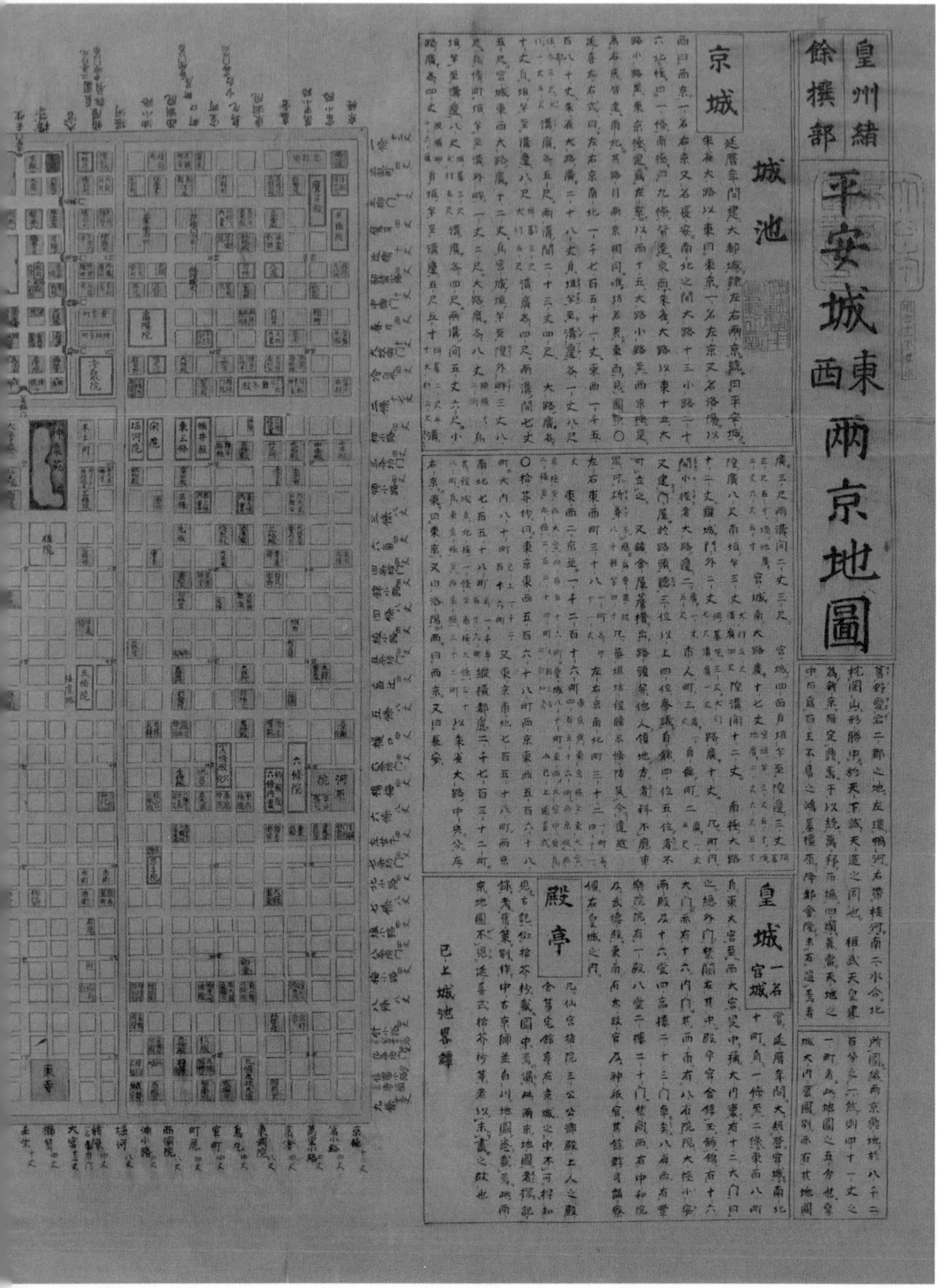

圖5

平安城東西兩京地圖（圖片來源：Plan_of_Heiankyo_由 Mori Koan - httpwww.digital.archives.go.jpDASmetaDGDetail_en_0000000278, 公有領域, httpscommons.wikimedia.orgwindex.phpcurid=7970625）

平安城記

嘗中華之建都也。自三皇始焉。處犧都大昊之墟，神農都魯，黃帝都軒轅丘，而至五帝。少昊都曲阜，顓頊都帝丘，帝嚳都亳，帝堯都平陽，帝舜都蒲坂，夏禹復都平陽，至啟復都亳，及其祖乙遷都耿，及其盤庚改殷，曰商。復歸亳都，其武乙代去亳徙河北。至周宣都鎬，及東周遷都東洛邑。至戰國有七都，而秦始皇都咸陽，而六國自立為王，而後前漢建都雍州，是曰長安。後漢建都河洛，是曰洛陽。 夫都城四方之極也，本朝之國也。神武帝東征，都橿原，爾來皇邑迭建，遷遷不常。 元明帝里其號為平城，是古都之最大者也。 桓武帝之營基於宇多邑也，其初使侍臣相宅，復奏曰：左青龍，右白虎，前朱雀，後玄武，四神相應之地也。是以倣彼漢二京，縱以兩京，左擬洛陽，右準長安，命之曰平安城。於是量經緯，考廣袤，經城域，營郭郭，披十二之通門，開九條之大路，官省環列，宮室開闢，北闕次其制，甚秩於舊都殊異于上世焉。 天子以四海為家，非壯麗無重威，者，是宜好奢恣逸，而疲物力哉。茅茨土階，昭德于上代，高閣廣廈，宗廟於中葉，非華朴殊道，良錄古今質文，東山之巔，有青龍將軍塚，內別立八尺之偶人，永為皇都之鎮神，所以為万世不易之地，而示巨鎮廛也。其遠慮絕識，豈不賢哉。按，爾以來世增飾，崇麗方，其盛時也。百司之職，文武之業，頗擬于漢唐，四湖之政學校之設，置于古今，春秋之祭享，禮儀郁郁乎。桓武帝慶幾什，宮作下位無窮，以為天府而開洪基也。宜矣哉，統萬邦而撫海內，誠當天地之中，而為百府不朽之長策。從尚古開國以來，都會之隆，未有如此者也

○日本後紀曰：延曆十二年正月，相山背國葛野郡宇多邑之地，為遷都。十三 三月，幸葛野，巡覽新京。今茲新京宮城。十三年十月丁卯，詔曰：遷都號曰平安城。

○吉記曰：或古記云：平安京之百王不易之都也。東有嚴神，西仰猛靈。嚴神之賀茂大神宮，猛靈者松尾靈社是也。依二神之鎮護，顯万代之平安，然則永永不可遷宮云々

○歷代編年集成曰：延曆十二年癸酉正月十五日，始造平安城，東京號左京，又謂左京唐名洛陽，西京號右京，又謂右京唐名長安

○神皇正統記曰：昔聖德太子蜂岡ニ上リ給ヒテ今の城を見めぐらして四神相應の地なり百七十餘年ありて都うつされんかと仰られしに不たがはず[illegible]傳ふる

○大和本紀曰：山城國者，麗戸王子四天王寺材木ヲ取シ所也。今平京其跡也

○諸社根元記曰：山城國ハ日本ノ正中ニアタリテ高天ノ原ヲ降シ給ヒ靈地ナリ　又曰：平安帝都ハ天上ノ名號ヲ顯セル國ナリ

月詣集　皆よりおさめさきの代やいたくその[illegible]

大木集　さらむのかれ[illegible]

○諸神記曰：王城守護三十番神

左青龍八神　寅神　甲神　卯神　乙神　辰神　巽神　以上八神
將軍塚內封之。自東至西而九町之內擁護之

前朱雀八神　巳神　丙神　午神　丁神　未神　坤神　以上八神
男山石清水畔封之。自九條至五條坊門而十九町之內擁護之

右白虎八神　申神　庚神　酉神　辛神　戌神　乾神　以上八神
高雄麗鳴瀧川邊封之。自西朱雀至西洞院而九町之內擁護之

後玄武八神　亥神　壬神　子神　癸神　丑神　艮神　以上八神
糺森邊封之。自一條至綾小路而廿町之內擁護之

當延享年間著皇州緒餘撰數百卷。其京師部二十卷，說此兩京，地圖并命可見。自皇城京城宮殿諸宮樓院百司職三公公卿殿上人，專依而至路程坊名條名今 山川橋梁土產神廟佛刹等，其古紀悉載京師部卷，可行見

寛延三年庚午卯月中旬
攝州四天王寺相坂泉
京師書生 森幸安圖并識

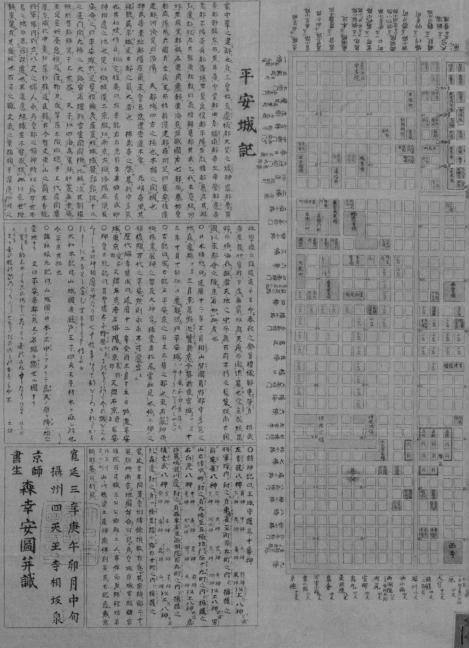

時，並沒有完整瞭解京都盆地的地勢，後來才發現右京有很多沼澤，過於潮濕，並不適合居住。在十世紀下半葉，右京已無人遷入，有些地方成為田地，甚或荒廢。因此，模仿洛陽城建成的左京就成為京都的代名詞，而日後的人到京，也才會簡稱「上洛」。

命運多舛的天皇居所

雖然平安京是一座為了打造太平盛世而建的首都，然而，除了盆地多沼澤的自然問題外，也發生過多起火災。從平安京建成到一二一九年，共發生了十五次火災，讓天皇的居所也得要轉移。

除了火災，後來發生的的南北朝戰亂，不穩定的政治環境，甚至連天皇也流離失所。如果朝廷還握有權力，可能還可以重建宮城，然而當權力旁落，輔政的將軍也無意重建，就只能讓平安宮灰飛煙滅。

京都的戰事多半出在天皇與武士政權之間的矛盾。曾經出現後醍醐天皇逃往吉野，成立南朝的政權；幕府擁立的光明天皇為北朝，兩者相互爭戰，讓京都淪為戰場，荒蕪一片。

日後，足利義滿十歲即位為將軍，在重臣的輔佐下，結束了南北朝的亂局。京都的戰事暫時緩和，足利義滿在京都建立自己的宅邸，並建造一座高達一百零九公尺的七重塔，向天下展現自己的權威。天皇的御所，則一直要到南北朝戰亂結束的一三九二年，於義滿的支持下，才在現在的地方確認下來。

足利義滿後來讓位給自己的兒子，自己居住在建造於京都北面的金閣寺。完成後的半世紀，八代將軍足利義政建造了銀閣寺。金閣和銀閣在當時的京都，展現了將軍權勢的高張，掌握了政局，天皇的朝廷在實際的政局中反而顯得不重要。

然而，好景不常。十五世紀中後期的京都又因為「應仁文明」之亂，而有三分之一在戰事中遭到祝融之災。天皇所居住的御所其實在好幾百年的時間中，規模都很小，多少反映無法掌握實質權力的真實狀態。

戰國時代，織田信長、豊臣秀吉還有德川家康因為不同利益，名義上維持天皇的名號，並且給予天皇一定的生活條件，才讓京都御所能夠適度增建。

織田信長上京後，對京都和御所展開大規模整修，並和明智光秀一起管理京都。由於信長早死，加上生前大部分時間都不在京都，因此他死後，京都重建工作最主要便落到豐臣秀吉手上，秀吉改變了京都的整個城市規劃，讓大亂後的京都有了不一樣的風貌。

秀吉之後的家康一統天下，讓京都御所，還有都市結構逐漸轉變成我們現今所看到的樣貌。德川家康建都江戶後，也開始重新定位京都與江戶的關係。

沒有天皇的京都

思考京都的歷史，在上千年的時間裡，會發現它其實是一個動態過程，不斷地讓天皇、武士和平民間互動。同時京都也和不同的城市互動，一起定義日本歷史。

京都雖然在桓武天皇時立為平安京，但在鎌倉時代，由於武士掌管國家的權力，鎌倉和京都分別為兩個政治中心，而當時還有一個宗教中心——聚集不少寺院和神社的奈良。

室町時代，武家雖然在京都管理政事，但為了管理東邊的政事，在鎌倉還是設有政治管理中心，處理東國十國的政事。德川家統一天下之後，雖然以江戶為中心，但還不是統管一切政治、文化、商業和宗教的中心。

京都在江戶時代還有朝廷、貴族、寺廟和神社，且京都商人的商業勢力也很龐大。除此之外，大阪因為處於琵琶湖河運和瀨戶內海水運的連結點，在以船運為中心的時代，大阪聚集了最多的商業活動，全日本的好東西、還有糧產和雜貨全部聚集在大阪，成為最大的商業中心。

江戶作為將軍統治全國的政治重心，大阪是商業重心，京都則象徵著傳統朝廷的權威，還有典雅的文化、宗教、學術、藝術中心。在十八世紀，京都人口大約在四十萬到五十萬之間，在當時已經算是世界級重要城市。

現在如果到京都觀光，京都的市中心就是京都御所。由於江戶時代的京都就興起一股「平安熱」，屢屢想恢復這座古都在平安時代的風華，因此現在的御所主要是在一八五五年仿照平安時代樣式所重建。

占地達六十三公頃的京都御苑，平常的花園和周圍的庭園都對民眾開放。古代的此處是天皇辦公和皇室居住的地方，明治維新後，天皇遷都江戶，也就是現在的東京。天皇離開京都，讓京都市民頓失重心，沒有天皇的京都是什麼？

這將會是我們這本書接下來要跟大家說的故事——沒有天皇的京都。

將軍的京都：二条城

離京都御所不遠的二条城，是展現將軍與天皇間關係的最佳寫照。將軍需要天皇的象徵性權威，天皇的權威也得仰仗將軍的權力扶持。走進二条城，可以感受到德川將軍在京都所建立的建築與藝術，以及承平時代的開展。

權力與權威之間

權力與權威，兩者合一或許是中國帝王的寫照。然而，幕府時代政治的核心卻是此兩者分離。

天皇萬世一系，菊花王朝超過千年的歷史，宣稱血脈一貫。然而，中國的皇帝，以秦始皇而言，傳至二世、三世，王朝就已經崩潰。原因之一或許是天皇只是象徵，是權威；而將軍則是權力、武力與實力的代表。故權力與武力衰落時，強者取而代之，一統天下。

從京都的規劃可以很明顯地看出權力與權威的展現，京都御所與二条城即是天皇與將軍間關係角力的最佳寫照。

離京都御所不遠的二条城，最早由織田信長所建。織田信長在本能寺之變後身亡，豊臣秀吉取而代之，也在今日的二条城之北蓋了聚樂第，並且邀請天皇來作客。

為什麼總在二条城附近？原因無他，在天皇御所附近展現權力，表示天皇的權威也得仰仗將軍的權力扶持，才能使將軍家的權威維持不墜。

目前的二条城為德川家康所規劃，二十六萬平方公尺的土地，足以與京都御所相抗衡。將軍平時在江戶，只有上京時才至二条城休息。

如此廣大的土地，也只歡迎了德川將軍兩次，一次是寛永三年（一六二六年），水尾天皇駕臨二条城，德川家光率家臣迎接；另外一次明正天皇即位，德川家光率領三十萬人入京慶賀。

日後，德川幕府的兩百多年間，將軍的權力鞏固，沒有必要到京都造訪天皇，反而是天皇的使臣經常到江戶溝通。權威與權力孰輕孰重，由此可知。

圖6

大正四年之石版畫「御大礼記念 二条城内豊楽殿大饗宴之御盛儀」（圖片來源：尚美堂・田中良三）

圖7

現代二条城（圖片來源：flickr）

圖8

聚樂第屏風圖（圖片來源：由 Collection of Mitsui Bunko archive - 1. [1], 2. [2], 公有域, https://commons.wikimedia.org/w/index.php?curid=3373020）

二条城的內與外

相較於其他日本城市，京都在二次世界大戰末期遭到的轟炸顯得輕微許多，二条城的整體布局目前還維著持四百年前的結構，除了寬延三年（一七五〇年）天守閣因為大火而燒燬，本丸與二之丸的內部還是可以看出德川家所營造的「權力象徵」，因此被聯合國教科文組織列為世界文化遺產。

有一年的日本行，我入住二条城對面的全日空飯店，每天從房間所見便是二条城。日本的城池，不管是二条城或是現在的東京皇居，城址之內總是被重重的樹木所包圍。春天盛開櫻花，秋天則是楓紅一片，花朵不盛的冬季與夏季仍是綠蔭，充分展現日本人與自然共生的精神。

目前二条城開放的主要是「二之丸」，為過去德川將軍接待地方諸侯和大名的所在，結構與裝飾最能展現將軍的權力。建築結構分為幾個部分：「遠侍」，為大名入城之後休息的地方；「式台」則為大名們獻上禮物給將軍的地方；「大廣間」為將軍接待大名的場所；「黑書院」則是將軍接待親近大名的場所；「白書院」為將軍的生活空間。

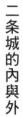

二条城室內的障壁畫由狩野探幽為首的狩野派畫師所繪，狩野派從室町幕府時代發展起來，一直到幕府末期的四百年間，在親兄弟、子孫之間傳遞著畫風與技巧。他們為日本戰國時代武將們之間最為喜歡的宮廷畫家，曾經為織田信長和豊臣秀吉等武將工作。

德川幕府一統天下後，也私淑狩野派的畫風，覺得藝術風格最能展現將軍家權力的象徵，二条城的「障壁畫」即由狩野一門畫師所承擔。

障壁畫是什麼？在安土桃山時期，諸侯大名們紛紛建造城郭，天守閣在各地如雨後春筍般地成為城市的象徵。因應大型建築內部的裝飾所需，展現城主的文化涵養與品味，障壁畫成為最好的工具。

雖然美術史上經常批評御用畫師或宮廷畫匠們的匠氣太重，缺乏創造力，講究工筆而無藝術的原創精神。但對於將軍而言，宮廷畫師最能利用藝術展現權力。而狩野派對於工匠傳統的運用，演繹得淋漓盡致，在既有的傳統之中嘗試創新。

在二条城之中，大廣間最能表現將軍的權力，九十二疊塌塌米大小的空間之中，將軍坐在遠方，接見眾大名。狩野探幽的障壁畫以金色為基底，在大廣間中以巨木和松鷹圖為主題，松樹只畫上半部，樹幹的方向指向將軍前方安座之處，

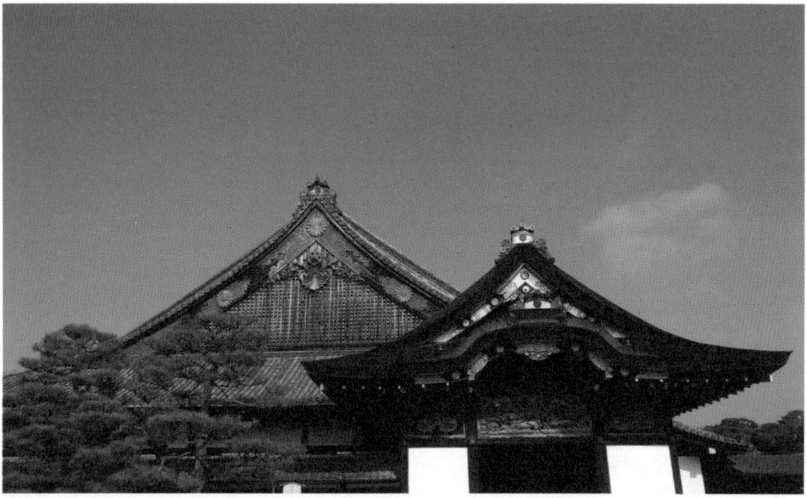

圖9

二条城二之丸（胡川安拍攝）

圖10

京都二条城二之丸御殿大廣間一之間 聖德記念繪畫館藏 頓田丹陵筆「大政奉還」（圖片來源：頓田丹陵，明治神宮聖德記念絵画館）

使得觀眾的視線主動的向前移動，除此之外，還造成一種距離感，使得主臣之分的距離更加明顯。

整個大廣間都以松樹為主題，親臨現場的人並不會覺得畫面單調。相反地，參觀的時候先是驚訝於整體空間的肅穆，然後對於以金色為底的光芒感到震攝，接著看著松樹的枝幹和樹葉。除此之外，畫面呈現遠近之感，上面還有一些象徵吉祥的孔雀與鳳凰於其間。

而松樹的主題則展現德川將軍所要呈現的氣度與哲學，在這裡接待天皇的德川家光，已經是第三代的德川將軍，不再是馬上打天下的武將，而是和平時代的君主。文治、品德與學養是其所要表現的主題。而松樹，正適合這種長治久安的嚮往。

當將軍安座於大廣間，接見眾諸侯大名，感受的氣氛或許已經不是幾十年前戰國時代烽火連三月的戰亂歲月，而是江戶時代盛世的開展。將軍與天皇的關係，要等到西方人乘著黑船來叩關，要求日本打開門戶的危急存亡之秋，才會重新定義。

畫裡的京都：洛中洛外圖屏風

京都是古代日本的流行中心，各地諸侯都想瞭解京都，甚至將京都畫在「洛中洛外」屏風中，雖然沒到過京都，至少也能在家裡看看京都。

各地諸侯所模仿洛中洛外圖，是渴望京都所象徵的權力，還有對於京都文化的一種嚮往、一種時尚潮流的追求。

古代的流行風尚傳播

流行或時尚，指的是對於新奇文化的模仿，可能是音樂、服飾、飲食、影視……等，各式各樣的習慣都可以成為仿傚的對象。在網路時代，流行文化的傳播相當迅速，但也淘汰得相當快速。

流行通常會有一個傳播的中心，可能是一個人，例如：Lady Gaga；或是一

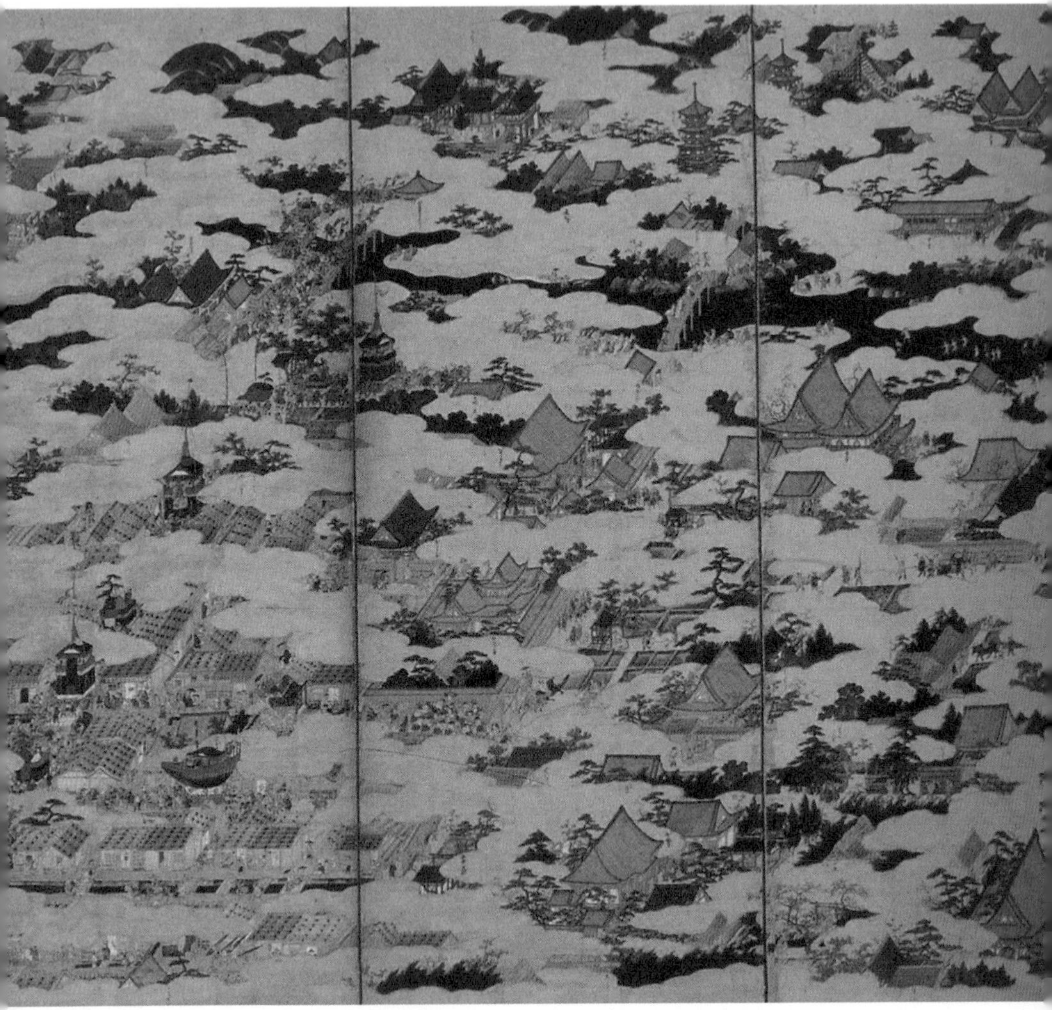

圖11

上杉本 洛中洛外圖右屏風（圖片來源：〈国宝〉上杉本 洛中洛外図屏風 右隻／米澤市上杉博物館所藏）

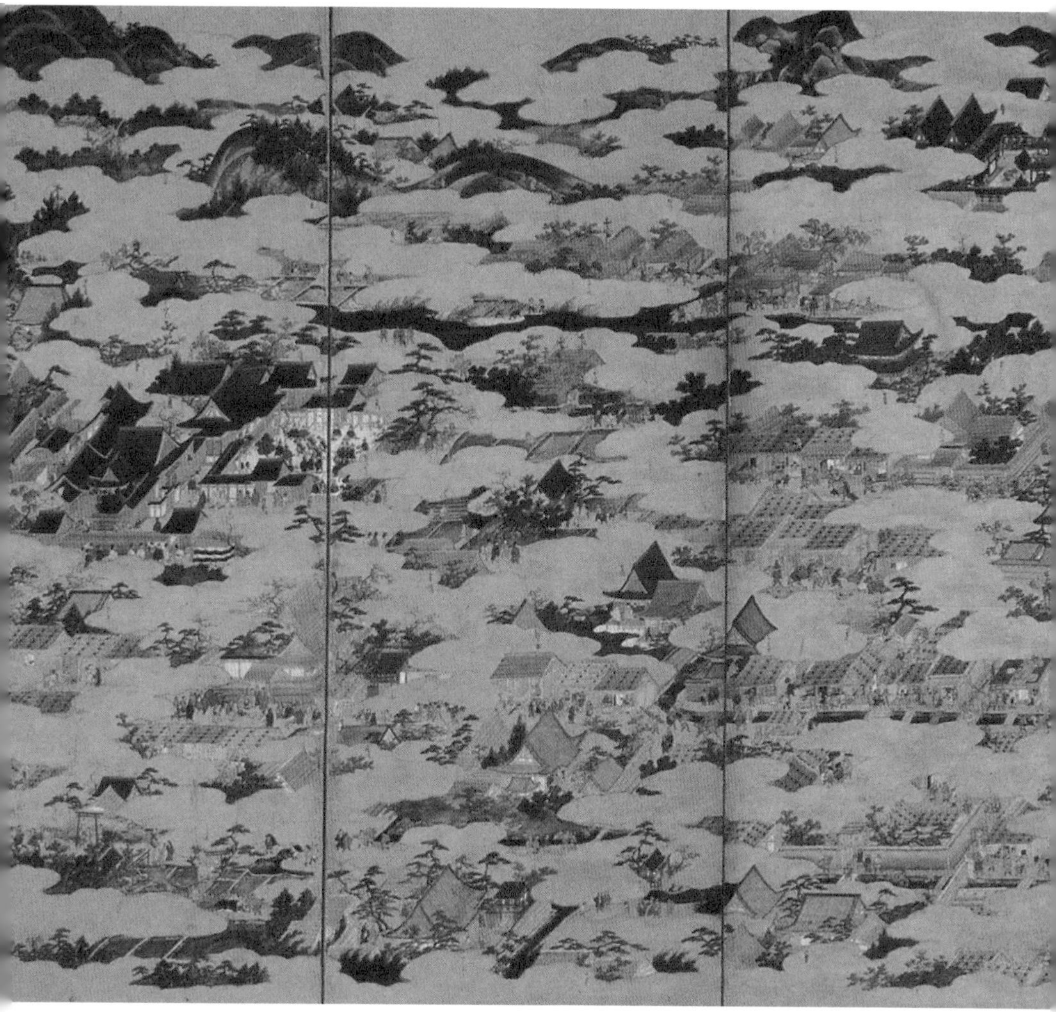

座城市，例如：巴黎、米蘭和紐約來的服裝時尚，而流行中心就是大家嚮往的目標。

過去讀《戰國策》時，曾經讀到一則關於戰國時代流行風尚的故事：

在當時的燕國有個年輕人，聽說趙國首都邯鄲的人走路特別好看，不疾不徐，風度翩翩，這位燕國的青年便到邯鄲學走路的姿勢，就算燕國的家人反對，他也不管，一心想到趙國學走路，因為那樣很潮、很時尚。

學習流行文化的心態，古今皆然，然而古代的傳播方式較慢，或許是透過人際關係的口述，或許是透過繪畫的描寫，將遠方的風尚和習俗描繪下來，傳播給不同地方的人。

透過屏風一窺京都風采

日本歷史上有種屏風展現古代日本人的流行時尚，稱作「洛中洛外圖」屏風。這種屏風具體展現過去日本各地對於京都文化的渴望，不只展現京都當地所流行的服飾、風俗和習慣等，也展現在對於京都所象徵的權威，及渴望其所帶來的實際權力。

日本的平安京模仿中國的長安和洛陽而建，右京主要來自長安、而左京仿自洛陽，然而，右京由於大部分位在沼澤區，在平安時代後期逐漸廢棄，左京逐漸成為京都的中心，而「洛」也成為京都的別稱，「洛中」指的是京都的市街、「洛外」則是京都的市郊。

幕府時代，將軍或是諸侯們「上京」也稱作「上洛」。目前的「洛中洛外圖」所描繪的就是京都街景的屏風，這類的屏風主要流行的時間在室町時代末期到江戶時代初期，也就是日本知名武將輩出的「戰國時代」。

當時各地方諸侯和知名武將面對足立幕府的衰落，有實力的武將們紛紛割據勢力、趁機擴張，以期上京以號令天下，從上杉謙信、武田信玄、織田信長、豊臣秀吉到德川家康都是這個時期的佼佼者。

大名們除了在戰場上相互角逐，也關心京都的文化和風俗。如果有朝一日可以上京，不要像是劉姥姥進大觀園，像個鄉巴佬一般，所以要透過一些去過京都的人以瞭解京都的消息，或是透過洛中洛外圖以認識京都的樣貌。

因為「洛中洛外圖」屏風，我們得以認識從中世末期到近代初期京都的風采，

圖12

上杉本 洛中洛外圖左屏風（圖片來源：〈国宝〉上杉本 洛中洛外図屏風 左隻／米澤市上杉博物館所藏）

這時期形塑了近代京都最重要的文化，使得京都成為一個具有地方意識的城市。

庶民京都的誕生

從一四六七年持續到一四七七年的「應仁文明之亂」，由於室町幕府足利家的將軍繼承的問題所造成的大亂，造成三分之一的京都毀於戰火之中。

亂世之中有些人選擇離開京都，也有不少人留下來，當時貴族和公卿主要住在「上京」，而一般民眾則居住在「下京」，由室町大道相連。出於自衛和防禦的目的，上京和下京的居民一起合作，保護京都，在道路的兩側設置圍籬，構成所謂的「町郭」，之內的居民就是「町眾」，貴族和平民一起保護町，也防衛京都，使得在階級之外，又出現了一種屬於地方認同的感覺，而透過這樣的力量，也產生了之後祇園祭等町眾文化的誕生。

「洛中洛外圖」具體展現町眾或是庶民生活的活耀，以屏風的方式呈現，分為「左隻」和「右隻」兩座屏風，合稱為「一双」，每一座屏風有六幅畫面，每一幅畫面稱為「扇」，六幅畫面合稱「六曲」。「右隻」描繪下京；「左隻」則是上京，故也有「下京隻」和「上京隻」的說法。右隻描繪京都的東面；左隻則是西面。

從構圖上來看，可以很清楚地看見鴨川。鴨川的東面，也就是京都的東面，是右隻的主題，所描繪的是東山名勝。從最南端的東福寺，向北依序是三十三間堂、清水寺、八坂之塔、祇園社、知恩院、南禪寺、吉田社，位於東北端的是比叡山。

京都的西面是「左隻」的主題，包括今日的嵐山名勝，包括：天龍寺、清涼寺、金閣寺、船岡山、大德寺和上賀茂神社。

在這幾幅洛中洛外圖中，最為知名的就是上杉本，為狩野派畫師狩野永德所畫。據說是織田信長送給上杉謙信的禮物。這幅華麗且用比細緻的洛中洛外圖屏風，以金箔貼成的雲彩區隔了畫面的不同區塊，畫面呈現了京都不同的名所。從榜題來看，共有二百三十五個，而畫面中的人數更是驚人，將近二千五百人，男女老幼、不同的身分和職業的男女都加以描繪，具體展現當時京都豐富的庶民生活。

在畫面當中可以看當京都御所和將軍邸這兩個政治權力高峰的場所，還有不同公卿貴族的宅邸。除此之外，還看到了京都三大祭中祇園祭的山鉾巡行，在町公所中看到了山鉾巡行所用的物品如車輪、雉冠、裝飾用的織物等。

這幅圖是狩野永德於永祿八年（一五六五年）完成，天正二年（一五七四年）由織田信長送給上杉謙信。二十三歲的狩野永德，以精緻細密的筆法展現出當時的京都，屏風中最為特別之處就是朝向將軍邸的乘輿之中的為上杉謙信。上杉本的洛中洛外圖展現了當時武將想要一統天下、號令諸侯的野心。

當織田信長統一天下，將軍基本上已經不上洛。洛中洛外圖屏風逐漸失去政治文化上的意涵，京都則漸漸成為一種精緻文化的象徵。各地諸侯所模仿洛中洛外圖，主要是對於京都所代表文化的一種嚮往、一種時尚潮流的追求。

庶民的京都：祇園祭

每年夏天，京都都會迎來狂歡的氣氛，祇園祭是京都庶民的祭典，也是凝聚京都認同的所在，也是人神共樂的時間。

人神共樂的仲夏狂歡

每次到京都時，很少走到祇園裡，因為總是人來人往。對於人群恐懼症的我，喜歡京都靜謐的所在。

然而，我會在不同時節的時候走到祇園旁的八坂神社。第一次知道八坂神社是在川端康成的《古都》中，故事中的女主角千重子和苗子在祇園祭之夜發現到彼此的長像竟然一模一樣。

四目相對，千重子問：「你在祈禱什麼？」苗子滿臉是淚：「我想知道姐姐的去向……，你，就是姐姐啊！是神引領你來的！」

《古都》寫女性的美，寫京都的美，寫京都在不同時節的感覺。祇園祭是「人神共樂」的節日，在這個節日裡，神與人的距離並不遙遠。神會引領人去體會人世間的繁華與美好，體驗古都的風情。

京都每年夏天都會陷入瘋狂，宛如嘉年華的氣氛感染著整個城市。一場長達一個月的活動，同時吸引著全日本和世界的遊客注意。

祇園祭長達一個月，從七月一日開始，幾乎每天都有不同的活動：

■吉符入（一日）：希望祇園祭平安。

■長刀鉾町御千度（一日）：祇園祭開始時，由長刀鉾町的稚兒赴八坂神社祈求儀式順利。

■鬮取式（二日）：在京都市政府前面抽籤，決定山鉾巡行的順序。

■山鉾町社參（二日）：決定抽籤順序後，各山鉾町前往八坂神社參拜。

■鉾建、山建（十至十四日）：開始於町內組裝鉾車、山車。

■御迎提燈（十日）：提燈隊伍迎接神轎。
■神輿洗式（十日）：將神轎抬至四条大橋清洗。
■稚兒社參（十三日）：長刀鉾町的稚兒騎馬至八坂神社參拜。
■宵宵山與宵山（十五、十六日）：各座山鉾掛上駒形提燈，於傍晚點燈，祇園囃子隨之響起。四条通一帶禁止車輛通行，路上滿是穿著浴衣的參觀者。
■山鉾巡行（十七日）：以長刀鉾為首，集合於四条烏丸後，沿著四条通往東走，至河原町通向北轉，再沿著御池通走到新町通。
■神幸祭（十七日）：八坂神社的三座神轎在市內繞行，後停駕在四条御旅所。
■花傘巡行、還幸祭（二十四日）：將神轎迎回八坂神社。
■神輿洗式（二十八日）：於四条大橋清洗神轎後，將神轎歸位。
■夏越祭（三十一日）：參拜並且以免於疾病之苦。

充滿生命熱度的山鉾巡行

祇園祭的重點之一就是「山鉾巡行」。

所謂的「山鉾」並不是一個詞，而是兩件事。其中的「山」指的是高山，象徵神明的居所；「鉾」是把驅趕瘟疫的刀。祇園祭的「山鉾」在車子上建造了一座房子，是提供神明在祇園祭時可以停留的地方。每台車重量高達八至十噸，由木頭所建，不用釘子，而且在祇園祭後就拆除，等明年再重建。

有人驚訝每年都要花很多時間和工夫建造如此複雜且笨重的車子，不是太麻煩了嗎？不會！建造的過程也是整個社區居民彼此向心力凝聚的過程，是創造彼此回憶的負擔。

京都的三十三個町都會加入「山鉾」的建造。建造的日期在七月十日到十四日，每台山鉾都會在京都市區巡行，七月十八日有二十三座山鉾，七月二十四日有十座。打頭陣的都是「長刀鉾」，其他的則由抽籤決定出場的順序。

一台「山鉾」需要將近四十個人才能拉得動，要讓大家齊心協力，並且在轉彎的時候一起流汗吶喊。在盛夏且炎熱的京都揮汗如雨，坐在山鉾當中的人，還有

圖13

京都祇園祭白樂天山鉾車隊伍（圖片來源：flicker）

沿路觀賞的觀眾都會一起吶喊，整場祭典也因為山鉾的巡行而達到高潮。

山鉾巡行前還有所謂的「宵山」，夜晚在烏丸通、四條通或是新町通點上燈籠，讓一般民眾可以欣賞山鉾華麗且精緻的造型與設計。有趣的是，巡行前一天的七月十六日稱為「宵山」，前兩天是「宵宵山」，前三天是「宵宵宵山」。宵山的時候就會將山鉾巡行的主要幹道封路，所以行人都可以在大馬路上自由行走，同時開放攤販擺攤。盛夏的夜晚，很多人穿著浴衣買著小吃，欣賞著山鉾的設計，很有廟會的風情。

每個町的「山鉾」設計都各有巧思，相互爭艷，號稱京都「活動的美術館」。很多鉾車會將蒐集來的珍貴掛飾品懸掛起來，像是比利時進口的豪華戈伯朗掛毯，或是從印度、中東和中國來的珍奇名品。有些則是國寶級工匠所製作的漆器或是工藝品。這些工藝品平常都在町中的保存會收藏著，只有在祇園祭的時候才會拿出來。

鉾車上有十多歲的男童，作為神明的使者參與祭典，稱為「稚兒」。以前每一車都有男童，現在除了帶頭的長刀鉾以外，其他都以人偶代替。

山鉾巡行完後，當天晚上要跟神靈報告，晚上六點在八坂神社舉辦「神輿渡御」，驅除完瘟疫後，要請神靈幫忙。「神幸祭」的三尊神輿會從八坂神社的三條不同路線出發，在四條御所和其他兩座會合，祭祀和遊行的時間會從當天晚上六點到午夜。京都七月十七日當天可以說完全不休息，一早到午夜，滿滿的活動，還有參與的人潮，讓整個城市都為之瘋狂。

三座神輿會在七月二十四日晚上五點，山鉾巡行的後祭結束後從四條御所出發，按照當初的三條路線回到八坂神社，稱為「還幸祭」。

祇園祭的意義

祇園祭本來不是觀光活動，對於京都人而言，是展現町眾力量的重要節慶。什麼是「町眾」？

他們是復興京都的庶民力量。

源自九世紀的祇園祭有上千年的歷史，然而本來的形式並非如此。祇園祭的前身是在平安時代舉辦「御靈會」，為了消除當時的瘟疫。現在祇園祭當中最為亮眼的主角「山鉾」在當時還沒有出現。

長達千年的平安京並非隨時都平安，曾經發生不少次的政治與社會的變動。十五世紀中後期的「應仁之亂」就是從京都開始，擴展到全國的動亂。動亂的原因起因於幕府內部的爭權奪利，擁有軍事實力的諸侯割據，彼此相互爭戰，並且以京都作為戰爭的舞台。

大亂來時不分貴族與平民，一同遭殃。大量的貴族和僧侶為了躲避戰事離開京都，平民向外逃難的也不少。然而，也有一些人選擇保護家園，留在京都。

為了要抵禦隨時都有可能爆發的戰事，居民們開始改變生活方式。原本京都「條坊制」的架構是「一町四方」，構成一個町的單位包含一個十字型的四個小型的居住空間。在十六世紀開始後，為了自保，逐漸在每個町設置欄柵，有時用竹子或是刺木圍住，稱為「構」。

由於害怕戰火波及，不只平民們開始構築防禦工事，連京都的貴族們也一起協助修建。平民與貴族們為了保護自己生活的地方，齊心協力的促成京都新的文化的誕生。

町內的民眾開始成立自治的組織，討論自己的生活方式。住在天皇居所附近的稱為「上京眾」，從事工商業的居民主要住在下京，稱為「下京眾」。上、下京都有超過一百個町，他們彼此合作，逐漸改變以往平安時代的京都貴族文化。在應仁之亂結束之後，一起重建京都。

十六世紀開始，戰事逐漸平息，商業較為活絡，京都在「町眾」的復興下，祇園祭重新舉辦。在大亂之前舉辦的祇園祭，費用主要來自幕府，官方贊助的角色十分明顯。然而，新時代的祇園祭展現了「町眾」的力量與庶民的活躍，由民間的活力所驅動的活動，這也是祇園祭充滿熱情的原因。

我很喜歡看森見登美彥的小說，她有一本《宵山萬花筒》描述山鉾巡行前夕的「宵山」。透過六個短篇故事，呈現出古都夏夜的魔幻色彩。在神與人之間，穿著浴衣的少女，可能下一秒就變成狐狸。可能只一秒還在京都，下一秒就進入了古都的奇幻世界。

從「傳統」走向「現代」：平安神宮

平安神宮與京都其他神社、寺廟建築形式、風格和歷史不同的神宮，是一座古都從「傳統」走到「現代」最為象徵性的地標。每年的「時代祭」由京都御所遊行到平安神宮，千年繁華的遊行隊伍，盡在一時展現，傳統與現代，在人們的心目中，宛若一條時間的長河，鮮活地展現出來。

京都的平安神宮是日本大年初一參拜的重要地點。年初時在京都的平安神宮與人潮一同參拜這座與京都其他神社、寺廟建築形式、風格和歷史不同的神宮，這是一座古都從「傳統」走到「現代」最為象徵性的地標。

沒有了天皇的「古都」

明治維新，新政府取代了德川幕府的武家體制，國家統一，建立以天皇為首的國家體制。

然而，歷史的發展從來不是順遂的，甚至是跌跌撞撞的，幕末的紛爭和混亂在京都造成了不段延燒的大火，從「蛤御門之變」到「鳥羽伏見之戰」，京都的市區幾乎焚燒殆盡。

當幕府的舊勢力在關西被掃清，京都市民對於天皇掌握權力之後，京都作為新政府的政治中心充滿期待，將「皇居遷移到二条城，並以桓武天皇所興的大內裏為藍圖，在東起鴨川、西至堀川、南起綾小路、北至今出川的京都城區，設置並修復皇居。」當時的報紙如此報導著京都的新計畫。

然而，京都的維新計畫在時勢的演變之中卻夭折了，京都的皇居與御所從此沒有了天皇，京都也不在是政治的中心。

明治天皇為了讓關東的人民更加熟悉天皇，並且掃蕩幕府的殘餘勢力，明治二年（一八六九年），天皇「東幸」（巡幸東方），其實是實際上的遷都，京都喪失作

圖14

平安神宮（圖片來源：国立国会図書館デジタルコレクション - 京都 - http___dl.ndl.go.jp_info_ndljp_pid_1170851_48_平安神宮）

圖15

平安神宮（圖片來源：pixabay）

為日本千年帝都的地位，在京都的歷史、經濟和文化上都面臨嚴重的考驗與危機。

當京都不再是天皇的居所、不再是日本的首都，京都是什麼？

根據京都大學教授高木博志在《近代天皇制と古都》一書之中指出，移居新皇居的天皇，成為東京的象徵，而沒有了天皇的「古都」，則以「傳統」、「文化」的方式被組織起來，成為日本歷史上的「懷舊地」。

有趣的是，因為有了維新的「近代」東京，才凸顯出「傳統」與「文化」的古都京都，「近代」是仿照西方船堅砲利的科學文明、政體是君主立憲、政教分離；而「古都」京都則是神道設教、傳統藝術與工藝文化的體現。

然而，京都的發展策略並不是固守著原有的舊體制，而是在現代化的策略之下保存傳統文化。

整個城市都是世界級博物館

打造一座城市需要一系列的策略和方法，明治二十八年（一八九五年）年，日本人在戰場上打敗了清國之後的一年，京都的復興計畫成為了「傳統的再創造」

最為成功的例子，當年正月，日本第一條路面電車通車；三月平安神宮竣工；四月到七月在岡崎公園附近舉辦第四屆國內勸業博覽會；十月則舉辦遷都平安京一千一百年的祭典，後來這項祭典成為京都的重要文化活動：時代祭。

明治維新之前，一般百姓束縛於世襲的階級制度、束縛於割據各地的藩主，當統一的國家將這些枷鎖拿掉，每個人都是一國的「國民」，「國民」對於自己國家的認識必須透過國民教育、博物館、展覽會……等，瞭解一國的歷史、文化、傳統，而京都的打造計畫，似乎就是讓京都成為一個大型的、動態的、展演的博物館。

為什麼是一八九五年呢？

一八九二年十月，京都商工會同盟和市民代表所起草的〈平安京千百年紀念祭趣意書〉中提到，京都作為日本的古都，以七九五年桓武天皇從奈良遷都京都（平安京）開始算起，到一八九五年共一千一百年。在這一年之中，透過各項的活動顯示京都作為日本傳統與文化首都的地位。另外，書中還指出，要讓國民瞭解京都深刻的歷史與文化、美麗的景觀和文化的資源。

要讓一個城市成為可以參觀必須要有一連串的配套設施，需要透過現代的運輸方式，並且完成各項的基礎設施才能使國民在設計好的園區之中輕鬆的觀覽。

當時岡崎公園一代規劃以平安神宮為中心，並在其旁邊建造了工業館、農林館、機械館、水產館、動物館、美術館，這也是現在的京都市立動物園、美術館、圖書館、勸業館和京都會館群集的文化公園。

如何讓旅客從當時的七条車站到岡崎的博覽會場，京都市也規劃了從東洞院行駛到寺町、二條通的電車路線，之後逐漸擴充到京都各地。

在平安神宮的庭園中，現在還保存著當時日本第一條路面電車的車體。當時的京都人還未熟悉電車行駛於路面的景象，電車前方還有一名「告知人」，在白天要搖著旗子，晚上則要提著燈籠提醒大家電車來了。

公共運輸的建立，使得一百二十多天的博覽會就有超過一百一十三萬人來參觀，平均每天的人數將近一萬人，在十九世紀末期，這已經算是相當了不起的成就，也促進了日本國民對新國家的認識。

要讓京都文化再復興，不只是將傳統的文化封凍於歷史之中，傳統的手工藝，像是西陣等染織技術，或是傳統藝能的活動，包括茶宴、藝妓舞蹈等，都是博覽會所鼓勵的傳統藝能。

而在博覽會場中心的建築物平安神宮，也是京都文化從傳統走向現代的里程

圖16

平安神宮一隅（胡川安拍攝）

圖17

平安神宮一隅（胡川安拍攝）

圖18

平安神宮神苑展出之明治時代路面電車（圖片來源：pixabay）

碑，一開始的目的在於緬懷京都作為千年古都的時代意義，奉祀開創平安朝的桓武天皇。

然而，在規劃到興建的過程，透過官僚、學者、商人和市民的合作，讓平安神宮不只是對於京都文化的懷舊，還讓文化傳統的保存成為城市的總體營造、一種活的文化展演。

當時京都商工會議的副主席中村榮助與歷史學者田口卯吉討論之後，靈光乍現出一個想法，即透過整體市民的參與完成平安神宮，將這座建築作為京都傳統文化重生的象徵。

建築平安神宮的經費由募款的方式進行，在全國的媒體上號召民眾捐款贊助，明治二十六年九月在博覽會場的北邊動土興建，明治二十八年三月完成，政府完全沒有出資。

重現平安京的氣勢

平安神宮正面的朱紅色大鳥居，高達二十四・四公尺，柱圍達十一・四公尺，十分有氣勢，穿過巨大的鳥居之後，從「應天門」進入，裡面的格局採前後左右對稱的格局，八座建築物分別是東門旁的神樂殿、西門邊的額殿，再往前是蒼龍樓、白虎樓各據東西側，最後才是太極殿及後方的正殿。

京都現存的古蹟幾乎都是較為古樸的禪院，建築較為低調素雅，而平安神宮則多不一樣，為了重現當時平安都城的建築，展現皇城的威嚴，在朱紅色的宮殿中鋪上滿滿的白砂，加強彼此的對比。

「太極殿」是平安京「大內裏朝堂院」的重現，朱紅色的柱子搭配蒼瓦，色彩艷麗、飽和的用色、壯觀的陣仗，呈現恢弘的氣勢。由於京都並無平安時代的建築，平安神宮按照西元八世紀的建築藍圖而建，不僅重現了平安京的威儀，還在建築史上留下重要的紀錄。

值得一提的是，平安神宮完成的同年，從十月二十二日起舉辦連續三天的祭典，其中最為特別的是二十五日的祭典，隊伍由京都御所遊行到平安神宮。

當時祭祀協會的幹事西村捨三考證了從平安時代到明治時代的風俗，從時代最晚的維新勤皇隊開始，按照時代一直往前推移到平安時代，講究隊伍排列的順序、服飾和裝飾，而這也成為後來每年在京都所舉辦的「時代祭」。

千年繁華的遊行隊伍，盡在一時展現，傳統與現代，在人們的心目中，宛若一條時間的長河，鮮活地展現出來。

川端康成的《古都》有一段關於平安神宮的紀載，很能展現平安神宮在古都的歷史位置：

平安神宮的「時代節」也是有名的。這座神宮是為了紀念距今一千多年以前在京都建都的桓武天皇，於明治二十八年（一八九五年）營造的。神殿的歷史不算太長。不過，據說神門和外殿，是仿當年平安京的應天門和太極殿建造的。它右有橘木，左有櫻樹。

更令人神往的是，裝飾着神苑的一簇簇的紅色垂櫻。如今的確可以稱得上除了這兒的花朵，再沒有什麼可以代表京都之春的了。

平安神宮雖然只有短暫的歷史，但是川端康成認為其足以代表「古都之春」了。從寒冷的冬天走向溫暖的春天，古都渡過了沒有天皇的冬天，找尋到自身的定位，在歷史的長河之中，走向未來。

圖19

二十一世紀的時代祭（圖片來源：松田丹後，https://creativecommons.org/licenses/by-sa/4.0/deed.zh_TW，原圖）。

第二章

現代。古今橋樑

古都的玄關：京都車站

造型前衛的京都車站，是一座迎向歷史的階梯。

京都車站是一座古都的車站，這座古都已經不只是日本的古都，它不但擁有豐富的歷史和人文景觀，還迎接日本各地而來的巡禮人潮，也必須面對全世界而來的觀光客，是一座面向世界的古都。

共同的夢想

共同夢想創造了所有聚落與城市，建設一群人共同擁有的夢想和心境，這就是所謂的共同幻想。如果共同的幻想相當強烈，即使是貧脊的土地，也可以看見人們為了生存而做的建設和努力。

有機會閱讀到原廣司的《聚落的一〇〇則啟示》宛如詩與哲學一般的文字，他所關心的不只是「用什麼樣的屋頂、用什麼樣的牆壁」這樣的問題而已，而是更為整體性的概念與夢想。

原廣司在一九六四年獲得東京大學的建築學博士，從一九六九到一九九七年一直在東京大學任教。任教的同時，也在世界各地進行聚落的調查，走過西非、北非、東歐、中東、印度和南美洲。訪查的對象是聚落中的形成、組織、土地和生活各個層面，他認為聚落是建築的原點，無法脫離聚落而獨立生活。

一兩百年以來，以西方為主的建築傳統引領世界的建築概念，所以他跳離西歐與北美，尋找建築的其他可能。

原廣司不只是紙上談兵，而他的建築代表作，就是作為古都玄關的「京都車站」。

京都車站與東京車站

每回到京都，從京都車站下來之後，往往訝異於其未來感的造型。作為千年古都的京都，大型公共建築往往都成為眾人所關注的焦點，而古都的玄關京都車站更是其中的關鍵。

對於日本人而言，雖然京都已經不是天皇的居所，不是以往政治、經濟的中心，但是說起日本傳統、文化和歷史，京都則是不可忽略的存在，而作為古都玄關的車站，應該以什麼姿態面對千年的歷史、面對日本人民的期待和面對來自世界各地的觀光客？

或許，我們可以比較東京車站的狀況，在東京快速現代化時，日本人不是拆除東京火車站，蓋起更大、更新穎的車站，而是選擇在不破壞主體造型的狀況下，往地下發展。面對將近一百年的火車站，日本人選擇的是加強結構、並且努力使用原有的工法、原料和技術保存，東京持續保護與維修當初第一代蓋好的車站。

而京都，則有不一樣的發展策略。

京都從明治維新之後，也投入現代化的進程之中，鐵路、蒸汽火車、路面電車等設施也隨之鋪設了起來。第一代的京都車站於明治十年（一八六六年）開始營業，由紅磚造的兩層樓建築，但是第一代的京都車站在五十年後的二十世紀初期就不敷使用，準備大正天皇回京都御所的典禮的同時，開始營造第二代的京都車站，所採用的則是大型的檜木建築。

從明治到大正，京都車站由磚造改為檜木造，並非日本人無法掌握新式的材質，反而是明治維新時期的大規模西化，一味引進西方文明，到大正時期已經引起了一股反思風潮。當時的建築師們也在日本傳統的一些建材之中，尋找與西方樣式搭配的可能性，第二代的京都車站以文藝復興樣式的建築，卻以檜木加以構築，作為一種和洋混和的嘗試。

第二代的京都車站在二次世界大戰期間沒有遭到美軍的轟炸，木造的建築倖存於戰後，卻在一九五〇年時，因為車站飯店的電線走火而燒燬。第三代的京都車站由於意外事件而修建，加上當時日本戰後貧困，車站在急就章中重修，也可以說是最沒有建築特色的京都車站。

這棟沒有特色的建築也一直使用到了世紀末，一九九〇年，京都車站開發公司和西日本鐵道公司（JR West Japan）聯合舉辦了京都車站重建的國際競圖比賽，作為平安京遷都一千兩百週年的紀念。以七九五年桓武天皇從奈良遷都京都（平安京）開始算起，到一九九五年共一千二百年。

參加競圖比賽的建築師都是一時之選，包括：安藤忠雄、Peter Busmann、原廣司、池原義郎、黑川紀章、John Stirling、Bernard Tschumi 等世界知名的建築

圖1

京都車站外部一隅（圖片來源：flickr）

圖2

京都車站內部一隅（圖片來源：flickr）。

師參加，而評審委員也是來自世界的知名建築師。

一九九一年五月，經由三輪的投票，由原廣司建築師事務所獲選，完工後的京都車站，底層的面積超過三萬二千平方公尺，所有樓層的面積則超過二十三萬七千平方公尺，地下三層，地上十六層。高度達六十公尺，總長度達五百公尺。

走進歷史的階梯

九〇年代的京都，已經不單只是日本人的古都。有著各項的世界遺產，精緻的飲食文化與豐富的人文風情，每年造訪的國內外旅客超過五千萬人以上，而鐵道往往是大部分遊客的選擇。

先進的鐵道系統一項是日本人自豪的地方，新幹線那種絕塵而去的速度，似乎帶著一種飛向未來的感覺。乘坐快速鐵道系統到京都的旅客，首先看到的不是一座仿古的車站，相反地，京都車站以其先進的造型讓外來的旅客為之驚艷。

車站的外觀以立方體組成，玻璃立面同時可以接受光線，又可也反射天空與周圍的景色。別出心裁的部分則是車站的內部，以峽谷的概念思考整體的設計，挑高十一樓的大廳宛如整座的山谷，一層一層的樓梯有如梯田。兩旁的鋼架玻璃帷幕則是山谷旁的懸崖，隨著階梯的坡度上升時，京都市街的景色有時出現，有時被遮蔽，在《聚落的一〇〇則啟示》之中，原廣司認為：

山谷聚落如此不同，然而，光的狀態、山谷坡度、河川或綠洲的流水等共同點，總會喚起造訪者的鄉愁。地形的舞台性、水流喚起的深處空間感與溯流而上特性，都是讓人懷念的原因。

「在這裡，谷線是都市最華麗的中心軸。」華麗的軸線有如一條時間隧道，迎接日本以及世界來的旅客，穿越時光，從現代走向過去。

原廣司的京都車站，不只是一種美學概念的實現，同時也具備實際的功能。車站也同時是一個聚落的實踐，透過京都車站，人們可以從這裡到不同的場所，還可以轉換高度。

這裡雖然是車站，但也是城市的組成部分，就像城市所具備的生活機能一樣，京都車站包含了各式各樣的場所，可以滿足不同的需求，包括：地鐵車站、火車

圖3

一九三八年的京都車站月台（圖片來源：flickr）。

圖4

二十一世紀的京都車站月台（圖片來源：pixabay）

站、百貨公司、購物中心、文化中心、博物館、音樂廳、百貨公司、高級旅館與會議中心、市政府觀光局辦公室與大型立體停車場。

或許，大家都會想像古都的車站會比較復古，符合大家的期待，而原廣司這棟帶點挑釁意味，而且具對比性的建築，一開始自然會引起大家的爭議。但自從使用之後，相關的負面評價就減少了，大家逐漸接受建築師的概念，而且也享受到車站本身便利的功能性。

「好像是眾人聚集且充滿活力的家。」諾貝爾文學獎得主大江健三郎如此描述京都車站。京都車站從三樓以上直到十一樓的階梯，一層一層的鋪排上去，像是峽谷，也像是劇場的階梯，所以這裡也經常舉辦各式各樣的表演。

從階梯由上向下望，是來來往往前往不同方向的人潮。即使在沒有表演的日子，也「好像在感受著什麼，給人一種戲劇性的體驗。」大江健三郎如此感性地形容著。

京都車站是一座古都的車站，這座古都已經不只是日本的古都，有著豐富的歷史和自然、人文景觀，但同時也是一座現在的都市，迎接日本各地而來的巡禮人潮，也必須面對全世界而來的觀光客，作為一個面向世界的古都。

京都是日本的巴黎：京都國立博物館

京都博物館在日本文明中的角色是什麼？像是巴黎在西方文明的角色，是文化和藝術之都，所以京都國立博物館的定位就是日本文藝的重心，展現日本之美的所在。

現代化的京都

談到京都最具代表性的博物館就是京都國立博物館，這座博物館是京都走向現代化的象徵之一。雖說是現代，但京都的現代化肇始起於一百多年前的明治維新。

本來作為天皇的帝都，京都沒有生存上的危機，它就是座首都、是日本的中心。雖然德川幕府掌握政治實權，建都江戶。但是京都的天皇仍舊是整個日本文化、儀式和宗教的中樞。

當明治維新之後，幕府將軍「大政奉還」，天皇決定遷都東京，隨著天皇遷都的隨行人員也讓京都原本消費的主力降低。政治、經濟和人口蕭條的京都，如何在新時代找到自己的定位？

明治政府一開始不知道如何看待京都，但沒有把京都降級為地方城市，而是希望同時彰顯京都與東京兩個城市的重要性。一八八九年天皇搬進東京新蓋好的皇居，東京在政治上成為新政府的中心。隔月，宮內廳則宣布未來天皇的即位大典要在京都舉行，提高京都在禮儀和文化上的象徵意涵。

柏克萊大學的藤谷たかし教授指出明治時代日本文化象徵的創造，即是將東京成為國家「進步」的象徵；而京都是「傳統」的代表。宮內廳在明治憲法頒布的同一年（一八八九年），也宣布了京都國立博物館的建立。京都國立博物館的目的是為了什麼呢？他和京都作為一個現代化的古都有什麼關係呢？

記錄歷史與彰顯國力的文化單位

明治政府剛成立時，對於自己國家的歷史要怎麼呈現，也花了一番心思，究竟什麼樣的文物才算「國家」的文化呢？繪畫、陶瓷、書法等藝術算是「國家」的

圖5

京都國立博物館（胡川安拍攝）。

圖6

東京國立博物館本館（圖片來源：flickr）。

文化？日本所特產的蟲、林、鳥、獸，算不算自然文化或是自然史呢？

除此之外，博物館這種東西也是從外國學習而來，似乎別的現代國家有，日本人也得要有。一八六七年的巴黎萬國博覽會讓日本人開足了眼界，當時到歐洲參觀博物館的日本人把見聞詳細的記錄了下來，明治政府還特別在文部省之下設立博物局。

一八七三年日本參加奧地利維也納的萬國博覽會，成立一個博覽會事務局以處理相關的事務。除此之外，政府也開始要訂立「國寶」的標準，一些以前私人收藏的美術作品、雕塑、寺院當中的書籍或是代代相傳的佛像、將軍和大名所收藏的器物，都將之描摹和列冊。明治五年的「壬申檢查」，開始在不同的地方確認日本的國寶，防止失勢的諸侯或是華族，將這些東西變賣。

「壬申檢查」以奈良及京都、志賀、三重等古代神社寺院為中心進行寶物調查，文部省派出的町田久成（一八三八至一八九七年，後來東京博物館的首任館長）擔任負責人，町田久成出身薩摩，在幕末時期為薩摩藩送出的英國留學生，當時他參觀了大英博物館以及巴黎的萬國博覽會，深感國家博物館對於凝聚國家認同的重要性。

沒有了天皇的京都仍充滿古蹟，而且千年的文化在此不會一夕消失，但文化的消費者不再是皇親國戚，而是一般民眾。博物館是國家現代化的組織，讓國民得以親近國家的歷史與文化。

京都就是日本的巴黎

明治政府打算在東京、京都與奈良設立國立博物館，凸顯了當時他們對於西方文明的認識。東京以往所在的江戶，後來成為新政府的所在地，日本人認為與西方文明的倫敦相似，代表了海洋帝國的崛起，也象徵了日本未來的國家走向，所以東京博物館的陳設一開始主要為江戶時代的文物。

京都博物館在日本文明中的角色是什麼呢？就像是巴黎在西方文明的角色，是文化和藝術之都，所以京都國立博物館的定位就是日本文藝的重心，展現日本之美的所在。

京都國立博物館的選址一開始共有三個地方成為候選，分別是：御苑內、二条城內，最後一個位址，也是後來博物館的所在地，在七条附近。這裡是以往的貧民區，選擇此地的原因在於博物館建立的同時也可以重新改造附近的街區，和城市的發展計畫同步。

負責京都國立博物館的設計師是片山東熊，他是何許人物？如何在古都設計出現代的博物館？

日本的開國源於美國遠東的艦隊司令培里，他於一八五三年率領了四艘「黑船」要求幕府通商，打破原來的鎖國政策。片山東熊就在關鍵的這一年出生，在這個風起雲湧的時代中，支持幕府與倒幕的勢力形同水火。長州藩是倒幕的先鋒，組成「奇兵隊」。片山東熊是長州藩士片山文左的四男，年僅十二歲就加入了「奇兵隊」進行討幕。

其後幕府垮台，明治天皇大量的引進西方的近代工業，為了確立國家財政的工部省成立，其下設有工學寮和測量司，招募學生進行國家公務員的培訓。工學寮後來成為工部大學校（東京大學工學部的前身），也成立建築部門（日文是「造家學」），特別聘請英國的建築師 Josiah Conder 擔任教授。當時的第一屆學生，除了片山東熊以外，還有曾禰達藏、辰野金吾等優秀的建築師，共同構築了明治時代的日本現代建築景觀。

和魂洋才的建築風格

京都國立博物館的建築具備重量感和對稱性，是日本在明治時代對於西方建築的模仿。但是，存放日本古代文物的建築，為什麼要用西歐風的建築呢？主要是因為在這之前，日本並沒有任何博物館建築，必須先參考西方對於美術館的設計。然而，片山東熊的設計也不完全是西方建築的翻版，而是「和魂洋才」的具體表現。

博物館的展示室具備照明、採光和耐震等實際的功用，採用西方的Doric式的建築，在功能、外觀和美感上都具備。然而，仔細研究下建築，還可以看到片山東熊的巧思。在京都博物館的三角屋簷下，還裝飾毘首羯摩和伎藝天，兩位神祇都是佛教中的人物，前者是掌管建築雕刻，製作精巧的器物，被奉為工藝之神；後者也是精於伎藝的女神。有趣是京都博物館的毘首羯摩的雕像做成希臘的天神，而非日本神話中的形象。

京都國立博物館可以看到日本對於西方建築的吸收與轉化，採用西方建築耐震和防火的功用特性，再加上和風的樣式，使得它們現代化的過程展現出自己的特殊性。日本第一代的本土建築師，在接受西方的技法下，同時追求日本傳統如何融入新時代中。

京都的復興

京都博物館在京都整體城市的復興計畫中所象徵的地位呢？打造一個城市需要一系列的策略和方法。明治二十八年（一八九五年）年，日本人在戰場上打敗了清國之後的一年，京都的復興計畫成為了「傳統的再創造」最為成功的例子。當年正月，日本第一條路面電車通車，就鋪設在京都；三月平安神宮竣工；四月到七月在岡崎公園附近舉辦第四屆國內勸業博覽會；十月則舉辦遷都平安京一千一百年的祭典，後來這項祭典成為京都的重要文化活動：時代祭。

為什麼是一八九五年呢？

一八九二年十月，京都商工會同盟和市民代表所起草的〈平安京千百年紀念祭趣意書〉指出，京都作為日本的古都，以七九五年桓武天皇從奈良遷都京都（平安京）開始算起，到一八九五年共一千一百年。即將要在這個特別的一年之中，透過各項的活動顯示京都作為日本傳統與文化首都的地位。在意趣書中還指出，要讓國民深刻地瞭解京都的歷史、文化與景觀。

要讓一個城市成為可以參觀必須要有一連串的配套設施，需要透過現代的運輸方式，並且完成各項的基礎設施，才能使國民在設計好的園區之中輕鬆觀覽。

當時岡崎公園一代規劃以平安神宮為中心，並在其旁邊建造了工業館、農林館、機械館、水產館、動物館、美術館，這也是現在的京都市立動物園、美術館、圖書館、勸業館和京都會館群集的文化公園。

同年，京都國立博物館也竣工，三場盛會同時在京都舉辦，代表著京都走向二十世紀的現代化。走過一百多年的京都博物館，邁入二十一世紀的時候，有什麼樣的發展策略呢？

邁向二十一世紀的京都國立博物館

二十一世紀的京都，已經不只是日本的古都，而是世界的古都，每年從全球而來的數千萬觀光客都想在此感受到日本文化的特色，整座京都都成為活的博物館。

二〇一四年九月開館的平成知新館展現了新的氣象，由世界知名的建築師谷口吉生操刀。谷口吉生在哈佛大學接受建築的教育，是二次戰後日本第一批出國攻讀建築的建築師之一。

谷口吉生不僅在日本有名，甚至在世界上都是首屈一指的建築師，紐約的MOMA就是出自於他之手，東京國立博物館旁的法隆寺寶物館也是他的傑作。

平成知新館是一個立方體，位於舊的京都博物館的右翼，平成知新館在綠樹環抱的東山邊，沉靜地守在一個角落中，通過水池上窄小的石板橋，走進這座新館的入口。

雖然在西方受建築教育，但從谷口吉生的建築來看，還是看到強烈的日式風格。平成知新館的的入口雖然相當小，但進入之後則是寬敞的空間。場內則是運用日本建築中常用的格子、簾幕做為空間的區隔，呈現出若隱若現的視覺感。

谷口吉生的建築相當強調精確與俐落，巧妙的利用牆面和樓板，將空間以多樣化的塊狀呈現，並且透過不同的面展現出流動的感覺，使得視線會隨著轉移，將

圖7

京都国立博物館平成知新館（圖片來源：さばしあ，https://creativecommons.org/licenses/by-sa/4.0/deed.zh_TW，原圖）

參觀者引入空間中。

平成知新館的建築在片山東熊所建的舊館旁，以圓柱、垂直遮陽板、屋頂遮陽板、玻璃、天然石牆構成。館外一池清澈的池水，淺淺的池水用來映照四周的光影，讓周邊的景色與建築融合。

一百多年的京都博物館，不僅保存著京都上千年的文物和藝術品，也開放給明治維新後的國民參觀，同時在走進二十一世紀的時候，使用新的建築語言，平衡著古都的傳統與現代。

自由與現代化的起始點：同志社大學

同志社大學是京都從傳統走向現代的象徵之一，讓古都具備現代性，並且具有宗教自由、女權解放的時代意義。新島八重、山本覺馬和新島襄三個人的人生故事，一起讓古都從傳統走向現代。

二〇一六年我到京都參加 AAS-in-Asia 的學術會議，這是世界知名的亞洲研究協會在亞洲所舉辦的跨國大型會議。在京都的同志社大學召開，而非京都大學，更具有代表性。

要說同志社大學的故事，可以從二〇一四年的 NHK 大河劇《八重之櫻》開始說起。這部大河劇刻劃新島八重的人生，出生日本東北的她，是日本典型的從傳統走向現代的新女性。櫻花是春天的使者，經過寒冷的冬天後，萬物伊始，同志社大學的創辦人新島襄和妻子新島八重，以及八重的哥哥山本覺馬，三人在京都最為衰落的時候，為這個城市注入新的活力。

從小練炮術的女性

新島八重本名山本八重，出生於日本東北的會津藩，家中世代傳授槍火炮術。八重於一八四五年出生，為家中的第五個子女、第三個女生。山本覺馬是八重的哥哥，兩人相差十七歲。

據說八重從小就像男孩子一般，不僅個性好強，還可以揹著六十公斤的米跑步。八重除了學習裁縫、煮飯和掃除等持家必須的技能，還學習刀劍和炮術。會津藩充滿尚武的精神，不僅男性習武，女性也具備用刀用槍的技能。八重的槍術主要是哥哥山本覺馬所授，十八歲時槍術就相當精湛。

當八重長大成人之際，剛好迎來了日本的開國。一八五三年在江戶的幕府將軍因為美國人要求通商，放棄鎖國的政策。全國的諸侯和武士對於幕府喪權辱國的作為感到不滿，重新思考日本的政治體制。

雖然會津在日本的東北，離政治中心的江戶和文化上的象徵京都非常遠，但是

圖8

同志社大學（胡川安拍攝）

圖10

結婚後的新島襄與八重（圖片來源：同志社大學所藏照片）

圖9

新島八重（圖片來源：同志社女子大學所藏照片）

幕末的動盪也波及到了會津。對於會津而言，京都的局勢更為重要，因為會津藩正是決定京都治安與全國治亂的關鍵，這必須從幕末的京都開始說起。

不再繁華的破敗京都

江戶時代在京都的天皇和實際的政治沒有關係，僅是一個文化和禮儀上的象徵，但是到了國家危急之際，開始有人覺得天皇才應該是日本政治的掌權者。本來日本各地的諸侯在京都的宅邸只是用來買紀念品和土產的，但是幕府末年的動盪時期，深怕有人「挾天子以令諸侯」，各地的藩主紛紛向京都湧入。幕末最重要的薩摩、土佐和長州藩在京都都有面積相當廣大的宅邸，不少家臣和武士都進駐於此。

薩摩藩於一八六二年帶了一千名的藩兵，名義上是要向朝廷表達意見，但其實是想在京畿重地擁有武力。諸藩看到薩摩的動作，也紛紛帶兵入京。幕府深怕京都的局勢不穩，所以命令會津藩主松平容保任職京都守護的職責，糾察反幕勢力，八重的哥哥山本覺馬也隨著藩主一起到京都。

此時京都聚集不同意見的陣營，主要分為支持朝廷的「尊王」、反對幕府開國的「壤夷」和支持開國、擁護幕府的「佐幕派」。除了在政治上相互鬥爭外，也採取暗殺的手段，除了武士外，也波及於一般民，常常有屍首曝露於市街上和鴨川邊。

左右歷史的「蛤御門之變」

不同派別的鬥爭演變為一八六四年的「蛤御門之變」，擔任京都守護職的會津藩打算驅除支持朝廷的長州藩，跟薩摩藩結合。佐幕派在京都獲得實質的權力，大力掃蕩壤夷派，但這個舉動反而讓對手團結起來，決定與幕府勢力決一死戰。兩派於七月十九日在京都展開大規模的巷戰。

由於兩派在「蛤御門」一帶使用西洋的大砲、長槍相互攻擊，也引發相當大的火勢，京都有兩萬八千戶的民宅遭到焚毀，市區付之一炬，明治維新後才漸漸恢復原有的市容。

歷史的發展總是令人意外，本來敵對雙方的薩摩和長州卻意外的結盟，整體形勢為之逆轉，幕府無法掌控大局，喪失統治天下的權威，而幕府最大的支持者會津藩也成為眾矢之的。

新政府的眼中釘

會津藩為什麼一直是德川將軍的支持者？源於第三代將軍家光委以重任，信任會津藩的忠心，託孤四代將軍家綱，而會津藩長期以來也和將軍維持良好的關係，甚至在家訓中明載：「大君之義、一心大切、可存忠勤、不可以列國之例自處焉、若懷二心則非我子孫、面面決而不可從。」

然而在幕府失勢後，末代將軍德川慶喜於一八六七年將政治的權力歸還給天皇，即是所謂的「大政奉還」。本來佐幕的會津藩似乎在時代的變局中站錯了位置，而且明治新政府也將會津藩視為是建立新權威的首要敵人，要會津藩斬首自己的藩主，並且開城投降。

士可殺、不可辱，會津藩拒絕如此嚴苛的條件。藩中的男女老少都加入了戰鬥，死守會津的首都若松城。山本家聽聞所有在京都的會津藩士都遭斬首，以為山本覺馬也在戰役中陣亡，而八重的弟弟也在會津戰役中罹難。八重雖然是女兒身，也斷髮、服男裝、持槍，決心為藩、為家族而戰。

雖然會津藩在鶴城的決定性戰役敗戰，但會津全體上下決一死戰，在歷史上留下了不朽的名聲。戰後，明治政府將會津的武士流放到本州最北的下北半島，八重的夫婿也跟著北遷。據說為了不連累八重，在戰爭之前就已經離婚了。

八重全家到米澤居住，但在所有的壞消息中，突然來了意外的好消息。本來以為過世的哥哥山本覺馬仍留在京都，事隔九年找到了八重。日本政局已經翻天覆地、是另外一番局面了，而山本覺馬也在京都過著不同的人生，八重決定到京都找他的哥哥覺馬。

京都的冬天

天皇於明治維新中得到實際的權力，京都人以為復興的道路來了，作為新國家和新政府的首都，一定會有大刀闊斧的計畫。然而，明治維新對於京都而言並不是一個好消息。天皇於一八六九年東巡不歸，將以往的江戶改稱「東京」。隨著天皇東巡的還有貴族、諸侯和大批的官吏，後來連皇后也前往東京。而京都改為「京都府」，成為了一個地方都市。

當京都瀰漫在一股衰落的危機中時，此時山本覺馬、山本八重和新島襄在京都的相遇，讓京都成為了一個不一樣的城市，一個宗教、教育自由的新城市，為京都帶來維新的風氣。

京都的現代化與山本覺馬

山本覺馬和八重出生於東北的會津，雖然身處內陸，卻深知海防的重要性，非常關心世界局勢。其實幕府早就察覺日本近海有很多外國的船艦，美國人率領「黑船」要求開港只是壓垮駱駝的最後一根稻草。歐美等船艦在一八〇〇年以後就常在日本附近航行。會津藩身處東北，接近蝦夷地（也就是後來的北海道），需要負責北方的防務，所以很早就關心海防的問題。

會津藩與德川家相當親近，當培里來日時，也負責江戶灣的警備。山本覺馬當時在江戶學習砲術，瞭解到海防的重要性，回鄉後就負責會津藩的砲術訓練。後來會津藩受幕府之命，負責京都的守衛工作，山本覺馬也在「蛤御門之變」的前線中負傷，眼睛受傷，診斷後發現患了白內障，視力逐漸減弱，終至失明。

由於會津支持幕府的立場，覺馬在京都被敵對的薩摩藩抓住，將他軟禁在京都的薩摩藩邸。被幽禁在京都的覺馬，沒有因為失明而喪志，而且薩摩藩仍然敬重他是個具備見識的英雄。由於覺馬以往學過蘭學，對於西方的知識也頗有研究，薩摩藩也詢問他關於維新的意見。

山本覺馬在囚禁的過程裡，仍然將他對於國家大政的想法上書給薩摩藩主島津忠義，寫了一萬字左右的〈管見〉，其中包含日本的政體、法律、議事制度、國體等國政綱領的意見。除此之外，還包含社會整體的改造，像是學校的創立、普及教育和男女兩性共同的受教權。

覺馬在明治維新後重新被重用，成為京都府的顧問，為京都的現代化奠定了基礎。覺馬瞭解傳統，也知道現代化的強項。如何引進產業，又能夠與京都的文化配合，他向京都府知事槙村正直建議舉辦博覽會，吸引各地的商人前來投資，山本覺馬從傳統產業的技術革新開始，包含：織物、染物和陶瓷器等工業化。

如果只是單純的引進國外的物品，將會打擊京都傳統的產業，山本覺馬看到京都高級織物的文化，以往都是皇親、國戚、貴族、武士等上層階級在使用的，但當明治政府遷都後，傳統的產業大受打擊。覺馬則在此時積極的引進紡織機，推動養蠶、製革和製絲等產業。

歷史或許沒有「如果」，因為所有的事情都已經發生了。但是，若山本覺馬沒有因為失明留在京都，如果他回到東北的會津，可能就在會津戰役中喪生，即使得以苟活，也被流放到下北半島，而沒有後來京都的現代化。

促成京都現代化的另外一個關鍵人物：新島襄，一個為了信仰出逃的男人如何和新島襄和新島八重合手，促成古都的現代化？

為了信仰而出逃

新島襄出生於一八四三年的江戶，父親為下級武士，並且開設私塾。從小新島襄就在這樣的環境中書道和繪畫，並且在十歲時學習劍術和馬術。隨著時代接近幕末，江戶也有不少人學習蘭學。新島襄於十四歲時在藩主下面當個書記，因為機緣巧合，得以知道一些海外的消息，便興起離開日本前往海外的念頭。於是，十七歲時進入幕府的軍艦教授所，開始學習英文。

然而幕府不准日本人私自前往海外，如果偷渡的話是死罪一條，但是決定新島襄人生關鍵性的一步是當他看到美籍基督教傳教士高理文在中國所翻譯的《聯邦志略》，其中介紹美國的生活、宗教和政治體制。

新島襄透過閱讀知道了「天父」的存在，宇宙的萬事萬皆由祂所創造。本來還有家庭羈絆的新島襄，為了信仰毅然地離開了日本。新島襄先從品川出海，搭上前往北海道函館的船。到了北海道之後得到美籍船長的許可，以在船上工作換取渡美的費用。

前往美國的新島襄當時二十一歲，而京都則發生了「蛤御門之變」。遠離了日本劇變，追求自己的信仰。

命運的轉變

新島襄在波士頓上岸，由於在美國沒有棲身之地，所以負責船隻停泊時的守衛工作。船長向船主 Hardy 夫婦報告新島襄的情況，命運的轉變就此展開，Hardy

夫婦不僅願意收留新島襄，還認他做養子，並且提供資源讓他就學。

新島襄從高中開始讀起，後來進入了麻州的名校 Amherst College 就讀，接著又入 Andover Newton 神學院，學費和衣食住行的費用皆由 Hardy 夫婦所提供，或許是年輕時 Hardy 本想成為牧師，但無法如願，後來成為一個有錢的商人，看到一個從遠方來的年輕人想要成為牧師，所以把自己以往無法完成的夢想寄託在新島襄身上。

或許真是神的旨意，新島襄所上岸的地方是美國的新英格蘭，這裡的宗教傳統和他所追求的信仰相同。從歐洲渡海到美洲的新教徒，他們的落腳地就是麻州，而新島所讀的神學院是美國最古老的神學院。

離開日本一陣子之後，新島襄也產生思鄉的情緒，想要瞭解日本的狀況，而新島的理想是回到日本傳播福音。然而，他觸犯法律出國，回國仍無法免罪。幸好此時「岩倉使節團」的訪美讓他得到回日的契機。

明治維新後日本積極的學習西方的工業技術，追求歐美諸國的富強之道。「岩倉使節團」就是日本派到美國和歐洲視察的人員，使節團赴美時，瞭解到新島襄的苦衷，而且覺得他的語文能力可以幫助使節團的考察。

新島暫時從神學院休學，隨著使節團在美國，並且赴歐洲考察，幫助他們寫考察報告。新島襄不僅成為使節團的翻譯，也獲得了回日的許可，同時在留歐期間，瞭解到歐洲的神學院與大學的體制，為後來創立同志社大學的基礎。

從神學院畢業後，新島滿懷回日傳教的願望，取得了傳教士的資格，在美國募款，希望能在日本建立基督教的大學。新島在佛蒙特州的基督教大會上向三千個聽眾發表演說，將他一路走來的歷程，以及想在日宣教的滿腔熱血表達出來。新島襄相當緊張，他不知道有多少的成果，但演講完後竟然獲得五千美元的捐款，成為後來同志社大學的基金。

有了這筆錢，新島決定回到日本開始傳教和教育的工作。

命運的相會

新島襄帶著創建學校的基金回到日本，本來想在大阪創設學校，但是大阪府的知事對於基督教和外籍傳教士仍有戒心，導致新島襄無法在大阪宣教。於是他轉往京都，求助於京都市的知事槇村正直和京都府的顧問山本覺馬，兩人都覺得京

圖11

新島襄海外渡航地碑（圖片來源：同志社大學所藏照片）

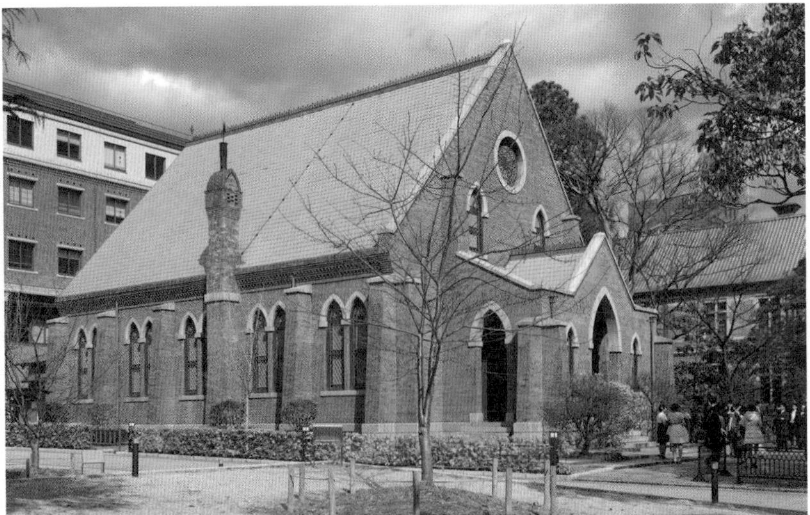

圖12

同志社禮拜堂（圖片來源：同志社大學所藏照片）

都的現代化應該廣開學校，所以准許新島襄在京都辦學。

覺馬對於基督教的認識是來自於一八七五年丁韙良（William Alexander Parsons Martin）以中文寫成的《天道溯源》，認為外來的宗教有助於日本走向現代國家。當他遇到新島襄提出辦學的想法時，大為支持，買下御苑北邊的土地，捐給新島襄。

京都的私人辦學走在時代的先驅，明治八年成立「官許同志社英學校」，主要是為了傳教。約略十年後，同志社就打算成立大學。當時日本只有一所東京大學，京都大學尚未設立。校址是以往的薩摩藩邸，當初的山本覺馬就是被囚禁在此地。

八重在明治維新後也來到了京都，覺馬相信男女都應該獲得教育，在京都設立「女紅場」，八重也入學獲取新知，之後還留校任舍監。

因為覺馬的關係，新島襄也認識了他妹妹八重。八重從小和覺馬之間不僅是兄妹關係，也教導八重砲術、西方知識。當八重從覺馬口中得知新島襄這個人後，便開始有了好感，最後還以基督教的儀式完成終生大事。

然而，覺馬與八重兩人親近外來宗教，還贊同基督教大學的創立，最終覺馬和京都府知事意見不和，辭去京都府顧問職務。但是，京都的民眾似乎比起政治人物還來得開放，覺馬在一八七九年參加京都的首次地方會選舉，竟然成為民選議員，還被議員推派為議長。雖然京都是古都，但對於新思想和宗教的開放性卻相當高。

新島襄在一八九〇年過世，覺馬繼任他的工作任同志社的總長，但也於兩年後往生。同志社英學校的理想沒有斷絕，於一九二〇年改制為大學，成為日本幾所最為古老的學校之一。八重的人生沒有因為覺馬和新島襄的離世而結束，她仍然服務於日本的紅十字會，為了教育、醫療而奉獻自己。

新島襄、新島八重、山本覺馬三人，本來在身處於不同的地方，為了不同的理想而活，甚至犯著生命的危險也在所不惜、都是為了理想而不顧一切的人。當舊的體制瓦解了，他們三個人在京都聚首，共同為著京都的現代化、教育和宗教的自由化而努力。

日本最接近諾貝爾獎的地方：京都大學、哲學之道

學生是京都常見的風景。京都自古以來就是日本的學問之都，而京都大學獨立自主的學術風氣，還有強調自由與創造力，都讓這座千年古都展現不同的文化氣氛。

二〇一九年諾貝爾化學獎頒給了京都大學的校友吉野彰，因為他在發明鋰電池上有極大的貢獻。持續兩年，諾貝爾獎都頒給了日本出生，且畢業於京都大學的校友。諾貝爾獎頒發以來，亞洲以日本人獲獎最多，而日本的獲獎者又以京都大學為最。日本媒體分析，京都大學因為自由的校風，並且鼓勵獨立自主的學習，強調創造性，是京都大學能夠成為諾貝爾獎搖籃的原因。

在日本與東京大學齊名的京都大學，承繼了京都這個城市的個性和文化高度，在走向學術現代化的過程中，展現了豐沛的學術創造力和自由的學風。

學問之都

京都在明治維新以前就是日本的「學問之都」。由於幕府將軍實際掌握了日本的政權，政治中心主要在江戶。另外一個日本的大城市大阪則是江戶時代的商業中心。京都在江戶時代開始就發展成為學問之都。

京都的學問是不向政治權威低頭的學術，而且批判當政的權力。江戶時代京都有不少知名的學者，他們當時的知識分子修習中國儒學，開設私塾，教育學生。伊藤仁齋是最有名的儒學者，長期浸淫在儒家的典籍中。

幕府當時將朱子學定為官學，然而伊藤仁齋在做學問的過程中發現朱子學中含有很多佛學的思想，不是純粹的儒學。他想要理解真正的儒學，研讀《論語》、《孟子》和《中庸》這些典籍，直接的理解古聖先賢的真正想法。直接批評幕府的官學，不怕權勢的作風沒有讓學子怯步，反而招致了很多學生。

伊藤仁齋開設的堀川塾在四十年裡教授了三千多人，對於日本江戶時代的學術影響很大。同時也彰顯了京都這個以學術為本的城市，不畏懼權勢的個性。

兼容東西方的京都學派

到過京都的人都知道有一條「哲學之道」，北從銀閣寺開始，沿著水道約兩公里的散步路徑植滿了櫻花。哲學家西田幾多郎和田邊元都曾經常在此散步，後來被稱為「哲學之道」。

西田幾多郎和田邊元都是所謂「京都學派」的重要學者。什麼是「京都學派」？我們要先理解東京大學與京都大學立校傳統的差異。

日本第一所現代化的大學是東京大學，成立於一八七〇年代左右。明治維新的夢想就是想要「脫亞入歐」，一切以西方文明為目標，因此東京大學的學術建置盡可能的模仿西方的學術。

在東京大學成立二十多年後立校的京都大學，則開始對於西方的學問有選擇地吸收。一開始東京大學的教員有不少是外國人，或是留洋的博士。京都大學的教員則相反，盡量以日本人為主，外國人老師和留洋的老師為輔，嘗試建立日本自己的學術系統。

西田幾多郎在哲學上建構了一個獨特的體系，在西方哲學的基礎上，也思考佛學、傳統中國思想，將東方和西方的哲學融合。西田認為日本人過度崇拜西洋的哲學，他則挖掘東方思想中可貴的東西，嘗試融合不同的體系。

除了哲學家外，京都學派也出現了相當知名的漢學家。日本人在大量接受西洋文化之前，本就崇尚中國文化，因此知名的學者也都相當熟悉漢學。京都大學的漢學家對於中國學問的鑽研相當深刻，而且舊學的根柢厚實，最為知名的就是內藤湖南。

內藤湖南一開始不是專業的歷史學者，是新聞記者出身，曾經多次走訪中國大陸，見聞相當廣博。因此內藤湖南為首的京都學派，研究特別注重實證，有一分證據說一分話，並且和中國學者間有密切的聯繫，不會閉門造車。

戰後第一位得到諾貝爾獎的日本人是物理學的湯川秀樹，也是京都學派的代表人物。一開始在日本學習物理學的幾乎都是留洋的海歸派，但是湯川秀樹的學術發展都在日本。湯川秀樹發現了一種新粒子，認為原子核內的質子與中子是透過「介子」才緊密的結合在一起。

由於一開始湯川秀樹的論文是在日本發表，沒有獲得注意，後來才在國際學術界獲得肯定，並且一九四九年得到諾貝爾物理獎，這是第一個亞洲人得到這樣的殊榮。日本在一九四五年的第二次世界大戰投降後，整個國家還處於修復的狀態，湯川秀樹的得獎激勵了很多日本人。

湯川秀樹曾在普林斯頓大學訪問，與愛因斯坦成為了好朋友，並且在哥倫比亞大學講學了四年，後來回國強化日本基礎物理。

京都大學在學術上的成就強調獨創，不模仿西方，在未知的領域探索，由此也獲得世界的肯定。

知識搖籃與學生運動的催生地：吉田寮

影響世界甚鉅的諾貝爾獎，有許多得主來自京都大學，然而，是什麼樣的學校風氣讓京都大學可以培養出如此多頂尖的人才呢？

相較於東京大學，培養出大量的菁英官僚和管理的實用人才，京都大學更講究對於學習的熱忱和興趣，喜歡深入的研究，尋找問題的答案，可以培養具有創造性的人才和鬼才。

最能展現京都大學學生生活自由和自主學習環境的應該算是知名的「吉田

圖13

哲學之道（圖片來源：由 David Monniaux - 自己的作品, CC BY-SA 3.0, https://commons.wikimedia.org/w/index.php?curid=90527）

圖14

哲學之道（圖片來源：CC BY-SA 3.0, https://commons.wikimedia.org/w/index.php?curid=53272）

寮」。日文中的「寮」指的是宿舍，「吉田寮」是京都大學的學生宿舍之一。相較於一般宿舍都是西式的房間，「吉田寮」全部都是和室。

「吉田寮」的管理方式相當特別，讓學生自治。雖然宿舍隸屬於學校，但校方無法干預宿舍的內部事務，包含：誰能入住、收費標準、生活準則和娛樂活動都由宿舍自治，校方無法插手。

京都大學的前身是第三高等中學，當時存在的食堂後來併入吉田寮，一八八九年的建築到現在已經超過一百三十年，是京都大學內最老的建築。學生的居住空間建於一九一三年，也超過一百多年，悠久的自治傳統伴隨著吉田寮，除了孕育出知名的學者外，也是學生運動的催生地。

日本二次世界大戰之後，由美軍託管了一陣子。後來美軍雖然離開了日本，但和日本締結了《日美安全保障條約》（簡稱安保條約）。條約的內容主要是美國與日本共同組成軍事同盟，按照二戰後的日本新憲法，日本沒有自己的軍隊，也沒有對外發動戰爭的權利，美軍會在日本設置軍事基地，保護日本。

一九五一年《安保條約》剛簽訂時已經有日本人提出抗議，但是最大的抗爭浪潮出現在一九六〇年代。當時二次戰後出生的年輕人剛進入大學，無法接受這種傷害主權的條約，大規模的學生運動在主要的大學都開始發生。六〇年代末期學生運動開始極端化，出現了武裝團體。

京都大學也是「反安保運動」的核心，當時的主要份子都住在吉田寮，目前還可以看到當時的海報，熱血且激情。然而，也是因為學生運動太過熱情，成為學校的眼中釘，欲除之而後快。京都大學的校方一九七一年開始就想要廢除吉田寮，建設新的宿舍，並且減少學生的自治權。

然而，將近五十年的時間，每回只要遇到校方提出「廢寮」，學生都會群起抗議，也就樣僵持著。由於房子年久失修，漏水、蟲害和衛生問題都讓學校有更多的理由進行干涉吉田寮的事務。

一九九六年學校開始在附近建設新寮，到二〇一五年建設完成。目前還保存著的「東寮」，學生與校方的長期抗爭沒有結束。二〇一七年校方停止吉田寮新生的招募，並且希望現在的學生可以搬離，在二〇一九年四月對二十名學生提出非法占有的訴訟，還將九名的學生無限期停學。

我曾經在吉田寮走過，老舊的宿舍的確有點年久失修，而且昏昏暗暗，整體的居住空間相當髒亂。然而，吉田寮所代表的不只是具有歷史的建築，而是背後的象徵，獨立自主的學習與自由的精神，這是京都大學的核心。如果校方強制要求學生搬遷，是否就喪失了最基本的大學精神呢？

吉田寮的故事還沒有結束，我們可以繼續看下去。

學生似乎是京都常見的風景。現在京都的城市特徵之一就是學生人數和比例都很多。在京都街上經常可以看到學生，酒館和咖啡館中有著學生和老師們的討論，書店的比例也相當高，市民對於外來的學生也相當的寬容。雖然是個千年古都，然而青春學子活潑的學習氣氛，始終讓這個城市維持著活力！

圖15

京都大學（圖片來源：flickr）

圖16

京都大學（圖片來源：CC BY-SA 3.0, https://commons.wikimedia.org/w/index.php?curid=46665）

圖17

京都大學（圖片來源：By おむこさん志望 - Taken by おむこさん志望, CC BY 2.5, https://commons.wikimedia.org/w/index.php?curid=2924524）

圖18

吉田寮正面玄關（圖片來源：By Nihongarden - Own work, CC BY-SA 3.0, https://commons.wikimedia.org/w/index.php?curid=23285875）

第三章 信仰。精神依歸

庶民的信仰：京都伏見稻荷大社

五穀豐收應該是古代日本百姓最為關心的問題。除此之外，在稻荷神社的正門前，狐狸咬著一枚金幣，帶回錢財，幫助祈求者招財，也是商家們的保護神。

日本想發財靠拜狐狸？

日本人最為熟悉的神社就是稻荷神社了。日本全國超過八萬間的神社之中，稻荷神社就超過三萬兩千間以上，數量可媲美台灣的土地公廟。

按照《伏見稻荷大社略記》的說法，稻荷神是因為主掌五穀、蠶桑和所有食物，而受到民眾的信仰。在平安時代，作為東寺的鎮守，受到朝廷的認可，信仰開始廣泛的普及，從中世紀到近世，商業繁盛，工業興起，神格從農業神也轉移到保護產業的神社。

稻荷神社祭祀稻荷神，而神的使者是狐狸，為什麼狐狸可以受到日本人的普遍祭祀呢？

狐狸是日本的農神，「稻荷」之「稻」及稻米之意，而「荷」則為背負之意，扛著稻米而來的神在以稻米為主食的日本文化之中，自然會受到眾人的信仰。狐狸在日本成為農神的原因，主要在於他在稻田裡捕捉老鼠，保護稻米種作不受侵擾，有如神派來的使者。

然而，為什麼是狐狸而不是貓成為農神呢？貓在日本一直是被捧在手心當寶的動物，原因在於日本以往沒有貓，約在佛教東傳日本時，貓與佛經一同傳進日本，以防佛經被老鼠啃蝕，而數量不多的貓只有在貴族之間才得以飼養。

外來人所建立的神社

伏見稻荷大社相傳由秦姓的氏族所創建，秦氏並非日本當地的人，而是「渡來系氏族」，即中國而來的移民。

《日本書紀》卷十九當中記載，在欽明天皇年幼時，曾經做了一個夢，有人告知他：如果你能任用秦大津父者，國家必能壯大，能擁有天下。欽明天皇驚醒之後，派遣使者前往山背國紀郡深草里，找到與夢中名字相符之人，請他至朝中做官，執掌大藏省。

大藏省在日本為主管財政、金融和稅收的最高官員。秦氏被天皇拔擢之後，成為日本的望族。秦氏自稱為秦始皇的後裔，此說無法證實，也有人說它們是徐福所帶去的童男童女所繁衍的後代。然而此說也有待商榷，不過，從記錄中可以知道他們並非日本人。

秦氏在日本政壇上嶄露頭角之後，於元明天皇和銅四年（七一一年）在京都稻荷山上建立伏見稻荷大社。稻荷神在日本《古事記》裡稱作「宇迦之御魂神」（うかのみたまのかみ），稻荷神社另外還奉祀佐田彥大神、大宮能賣大神和田中大神等四大神。

從一些民間故事當中，也可以看到狐狸與莊稼的關係，像是九世紀編成的《日本靈異記》，其中有一則故事提到一名美濃國的男子娶了由狐狸變成女子的妻子。當丈夫知道妻子由狐狸所幻化而成的，無奈地只好告別丈夫，但之後狐狸適逢農忙的時候都還會回來幫助丈夫，增加莊稼的收成。

稻荷神會受到民眾的廣泛信仰還需要展現神蹟，九世紀中期，當時天下大旱，百姓在稻荷神社祈雨，並希望「五穀豐壤、家業繁榮」，稻荷神展現神蹟，解決蒼生之苦，逐漸在百姓之中獲得信仰的基礎。

在日本的壽司中還有一種稱為「稻荷」的壽司，其實就是豆皮壽司，由油炸的豆腐皮所包裹的壽司，是祭祀稻荷神的供品，據說狐狸很喜歡吃炸的豆腐皮。五穀豐收應該是古代日本百姓最為關心的問題，秦氏主掌的大藏省管理錢糧，屬於財政的最高官員。在稻荷神社的正門前，狐狸咬著一枚金幣，帶回錢財，幫助祈求者招財，也是商家們的保護神。

日本的狐狸

秦氏雖然來自中國，但稻荷神社的狐狸崇拜卻是道道地地日本信仰，中國人說狐，與狐狸精或鬼怪有關，多少帶點邪氣。周作人曾在《苦竹雜記》中的〈柿子的種子〉指出：「《聊齋》善說狐鬼，讀者又大抵喜狐勝於鬼，蓋雖是遐想而懷抱中亦覺冰森有鬼氣……日本俗信中亦有狐，但與中國稍不同。中國在東南故鄉

奉献

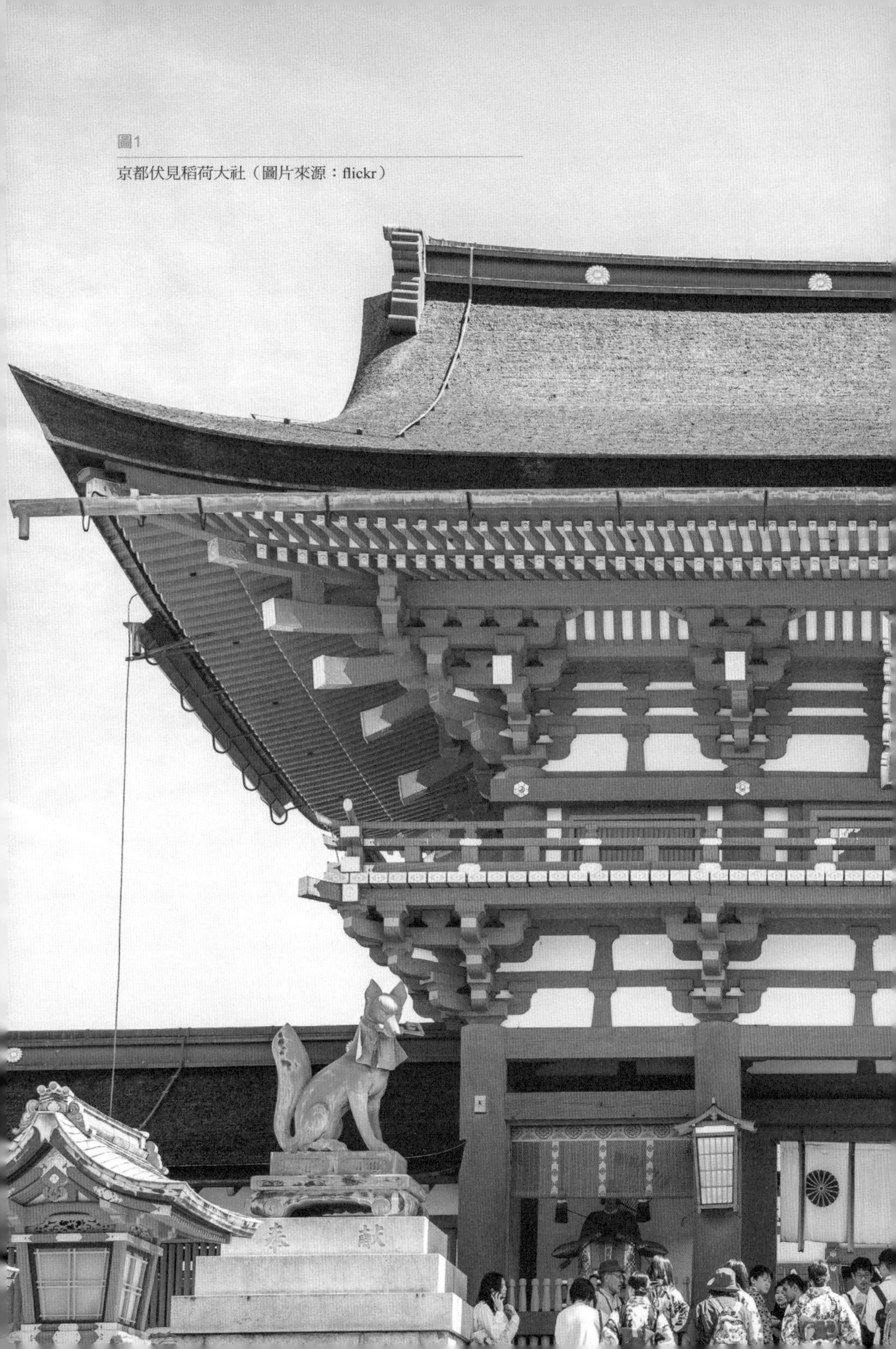

圖1

京都伏見稻荷大社（圖片來源：flickr）

則無狐，只知有果子狸之屬。」

中國東南為稻米之鄉，沒有狐狸，自然不會衍伸出狐狸為保護五穀的神祉，反而將狐與鬼怪連結在一起，產生出與日本人不同的聯想。在現在的日本鄉間，還有不少野生的狐狸，有些日本的商店中，也供奉著笑容可掬的大肚子狐狸，可謂相當可親。

然而，也不是所有的狐狸傳說都是好的，日本的狐狸信仰經歷了幾個演變，按照日本民俗學大師柳田國男的說法，日本人祭祀狐狸可以分為三個階段：神諭、施行和逐狐祭祀。

第一階段狐狸為保護農耕的神祉，宣達神諭，人們感念狐狸的幫助而加以祭祀；第二階段則是在冬天於荒野之中提供狐狸糧食，農民們餵養狐狸是因為擔心他們不高興而得罪稻荷神；第三階段則是「逐狐」，在這一階段狐狸的形象變得較為複雜，有可能受了中華文化中邪惡狐狸的影響，其形象亦正亦邪，有些狐狸會幫助人，消災解厄，有些則是會透過法術迷惑人、帶來厄運。

遊客必拍景點：千本鳥居

伏見稻荷大社位於洛南（京都南面）的稻荷山麓，從京都車站搭車十分鐘左右就到。一出伏見車站就見到「伏見稻荷大社」的鳥居，黑色的底座、朱紅色的柱子象徵神域的入口。

從農業社會的五穀豐收轉變到現在工商業社會的商業繁盛，伏見稻荷神社滿足祈求者的不同心願。一年初始到此參拜，護佑今年的好運。除此之外，伏見稻荷神社最為特殊的即為千本鳥居。

從十七世紀的江戶時代開始，當時天下太平、商業發達，不少的商人為祈求生意的順遂，會透過捐贈鳥居的方式表達對於稻荷神的敬意。在鳥居的背後寫上捐贈者或是商社的名字，經年累月的捐贈之後，形成一條長長的隧道，上了朱漆的鳥居在森林中相當美麗顯眼，也是難得一見的奇觀。

話說大家一定記得一部電影：《藝伎回憶錄》，主角小百合就是在這條紅色隧道之中奔跑，成為整部電影唯一的亮點。

入鄉隨俗，元旦的初詣，我從伏見車站出來之後，跟隨著人潮，走過一攤一攤

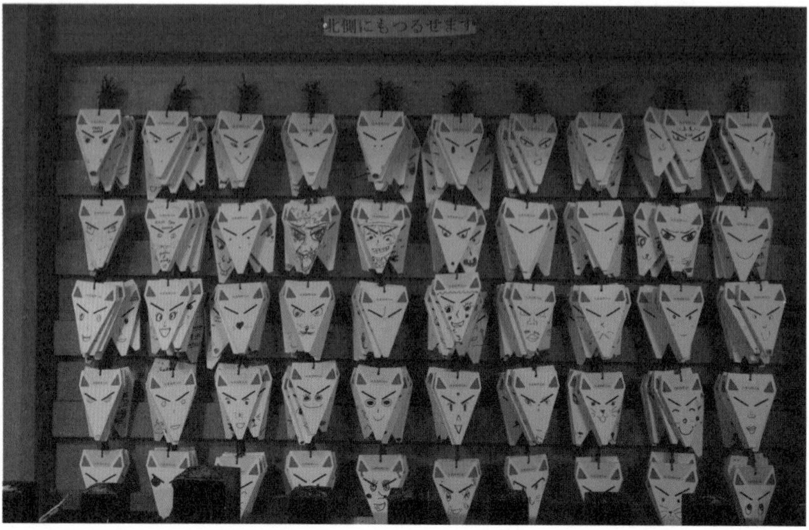

圖2

京都伏見稲荷大社一隅（圖片來源：flickr）

圖4

京都伏見稲荷大社狐狸像（圖片來源：flickr）

圖3

京都伏見稲荷大社狐狸像（圖片來源：flickr）

圖5

京都伏見稻荷大社狐狸像（胡川安拍攝）

圖6

京都伏見稻荷大社千本鳥居（圖片來源：flickr）

的小販。平日難以見到重視禮節的日本人在路邊吃東西，似乎也放下心防，輕鬆地逛著、吃著。

站在長長的隊伍之後，仔細觀察大家參拜的細節。以右手拉長繩，上面綁縛的鈴鐺框啷一聲，投下象徵緣分的五元（日語發音與結緣相同），鞠躬、擊掌、再鞠躬。

感激過去的一年，祈求今年的一切：希望愛的人健康、家庭和諧、事業順利、祈求所有認識的人都能幸福。

黃金紐帶：清水寺

清水寺的香火鼎盛並非一朝一夕，從平安時代就以觀音信仰聞名的清水寺，透過一代一代的努力，使清水寺不僅成為京都的名寺，還成為京都的地標，各地來得觀光客都將此地視為造訪京都必遊的地點。

京都東邊倚靠著三十六峰，從比叡山至稻荷山，除了自然景觀外，人文名勝才是東山景致美不勝收的所在，每一處、每一個轉身都值得玩味再三。從高台寺道（一般稱為寧寧坂）到二年坂、產寧坂到清水坂，這裡似乎看不到京都本地人，滿滿的觀光客都在這段路上，不僅是仰慕世界遺產前來參觀的外國觀光客，連日本中學生的修學旅行都得到清水寺參觀。

本來京都在明治維新之後，當時佛教受到政府的打擊，「神佛分離」和「廢佛毀釋」的運動影響到不少佛教的宗派。不少的佛教團體意識到不能再依賴政府，必須透過在民間的影響力，才是佛教生存下去的方法，而其中力挽狂瀾的關鍵人物就是住持大西良慶。

中韓日佛教徒間的黃金紐帶

大正三年（一九一四年），年輕的大西良慶為奈良興福寺的貫首，法相宗管長，兼任清水寺的住持。為了籌措財源，重整教團，致力於民眾的支持和國際的交流，弘揚觀音的信仰和唯識觀法，將清水寺從興福寺獨立出來，成立「北法相宗」，自立為大本山。一般日本的佛教宗派下設有末寺，也有壇家（固定的施主）支持，但清水寺全由民眾的虔誠所支持，成為一宗一山一寺的特別現象。

京都清水寺的住持大西良慶不僅讓清水寺獲得廣大的信徒，從民眾之中直接獲得支持，還連結東亞的佛教文化，已故的中國佛教協會會長趙樸初與大西良慶就是數十年的莫逆之交。

趙樸初形容中韓日的佛教徒之間是一種「黃金紐帶」的聯繫：

圖7

清水寺內參拜的遊人（圖片來源：flickr）

有著悠久、深厚的親緣關係。在地緣環境上，我們山水比鄰；在文化習俗上，我們同溯一源；在宗教信仰上，我們一脈相承。有許許多多的紐帶把我們緊緊聯繫在一起，不可分離。在所有這些紐帶中，有一條源遠流長、至今還閃閃發光的紐帶，那就是我們共同信仰的佛教。我曾送給它一個形象的名字：黃金紐帶。這條紐帶史自有來。回溯歷史，佛教在中韓日三國人民的文化交流中起著媒介的作用。可以說，佛教上的合作與交流是中韓日三國文化交流史上最重要、最核心的內容。

但是當共產中國成立之後，各種宗教的處境一向相當困難。畢竟，真正的共產主義者必須將「宗教視為是人民的鴉片」。但是宗教文化的深固，並非政治可以控制的，中日之間的交流也是如此。

二次戰後，中日民間開始交流也是始於佛教團體的互訪，一九五二、一九五五、一九六二年，當日本還跟當時蔣介石的中華民國政權維持邦交時，中華人民共和國與日本之間的佛教交流仍然存在著，而趙樸初與京都清水寺的住持大西良慶之間的友誼也是當時東亞佛教界的佳話。

大西良慶在六〇年代，以八十多歲的高齡籌組了「日中不戰之誓」的活動，當時他在街頭請日本人簽名，將厚厚一本的簽名本送給趙樸初。而當一九八二年趙樸初再度訪日時，已經一〇八歲的大西良慶對他說：「我留著有限的歲月等待著你。中日兩國佛教界的友好，不僅有利於兩國的人民，也有利於世界。」

中日是否會再戰，不得而知，畢竟戰爭乃是人類歷史上不會停止的苦難，出家人也只能呼籲放下我執，捐棄成見，和平相待。雖然戰爭不知是否會停止，但維持千年以上的中日佛教交流肯定會繼續下去。

首屈一指的觀光勝地：清水寺

能夠振興清水寺的大西良慶有著過人的能力，但多少也因為清水寺的景觀、建築符合遊客的期待。有些寺廟雖然建築相當古典、設計也相當雅致，但觀光客、俗人，或是沒有佛緣的人看不懂佛寺的美、庭園的雅、山水的奇趣，清水寺則沒有這個問題。

清水寺的正殿前方是最為著名的清水舞台，坐北朝南，面對錦雲溪谷，特

圖8

清水寺（圖片來源：flickr）

圖9

沒有使用任何鐵釘的清水寺（圖片來源：flickr）

別之處在於正殿前部的翼廊有著一百九十公尺的木製舞台立於懸崖之上。以一百三十九根粗大的櫸木分為六層支撐起來，縱橫交錯的木頭之間沒有使用任何鐵釘，以精確的卯和準撐起離地面十五公尺高的清水舞台。

舞台立於懸崖之上更顯得其壯觀，由於從清水舞台跳下絕無生還的可能。日文當中有一則諺語比喻死意堅決，或是下定決心為「從清水舞台跳下」（清水の舞台から飛び降り）。

在京都，以往有不少人相信清水寺所在的音羽瀑布與南印度觀音淨土普陀洛迦山麓互通，所以從平安時代起，就有不少人從舞台上跳下以求超脫。幕府時代也有許多生活不順遂之人的人從舞台上跳下自殺，直到明治初年，京都府嚴禁這樣的迷信陋習，才於舞台上設置欄杆。

清水舞台歷經將近四百年的歷史仍然屹立不搖，巍然於京都音羽山之下，可謂一個建築的奇蹟。從駕高起來的舞台可以看到京都的東山三十六峰，還可以看到山巒上四季的風景，春櫻、秋楓、冬雪，各有各的景致，還可以由此看到京都的街景，是俯瞰京都的好地點。

除了清水舞台的建築特殊之外，清水寺的佔地面積達十三公頃，大大小小共三十多座的建築按照音羽山的山勢而建。

本堂為清水寺最主要的建築，寬三十六公尺、高十八公尺、深三十公尺，一六三三年所建。宏偉雄奇，建築方式為寄棟造法，以檜皮葺為頂，可以遮光避雨，屋簷略為的翹起，堂內由數排巨大的櫸木分為「外陣」、「內陣」和「內內陣」三個部分。

最裡面的「內內陣」佛壇上安置著清水寺本尊十一面千手千眼觀音菩薩像和作為脇侍的地藏菩薩、毗沙門天。清水觀音高達二・六公尺，共有四十二隻手臂，與一般四十隻手臂的千手千眼觀音不同，其最上面的左右兩臂高舉，捧著一尊小的如來像，這尊稀少的「清水型」觀音十分少見，堪稱祕佛。

清水寺由於為木造，在應仁之亂後被燒燬，目前的清水寺雖然建於江戶時代，但是其風格仍是採用平安時代的宮殿建築。原因主要在於清水寺的由來雖然可以推到八世紀末期，但主要完成於九世紀的平安時代。

建寺的經過帶點神蹟的啟示，八世紀晚期的某一天，觀音菩薩託夢給延鎮上人，要他到木津川北岸尋找清泉，夢醒之後延鎮上人來到雲霧所繚繞的音羽山，於山林原野間發現了一股清泉：音羽瀑布，並且在樹林中的草庵發現了由觀音所化身的行曌居士。居士給上人一株聖樹，並要求以此聖樹雕刻一尊觀音菩薩聖像，以為清水寺的主神。

清水寺於音羽山北崖蓋起懸空寺的本堂，並且雕刻了十一面四十二臂的千手千眼觀世音菩薩則是等到田村麻呂將軍盼依觀音，並且在外打敗了蝦夷人，凱旋而歸之後，才成為平安時代京都的重要信仰中心，而觀音菩薩旁的毗沙門天為戰神，作為觀音菩薩的脇侍。

清水之名的由來主要來自音羽瀑布，為可以使六根清淨的聖水，觀音信仰與此聖水相互搭配，使得此地的水有「延命水」、「黃金水」的美譽。從《源氏物語》的〈夕顏〉、《今昔物語》之中都可以看到清水寺觀音受到當時各階層的崇拜，上至貴族、下至平民，都對於觀音信仰的靈驗深信不疑。

平安時代中期之後，由於日本教派之間的爭議，南都與北嶺佛教為了吸引信眾或是教義上的差別，以武力相互對抗，清水寺為南都佛教興福寺的末寺，位於南都與北嶺之間的最前線，每每武力抗爭或戰亂時都遭到毀壞。

清水寺雖數度遭到祝融之災，但由於其信眾相當虔誠，每次焚毀之後都得以重建，現在的清水寺為寬永年間（一六四四年）第三代將軍德川家光所建。有賴於

圖10

清水寺一隅（圖片來源：flickr）

圖11

清水寺夜間特別拜觀（胡川安拍攝）

德川幕府長期穩定的政治與社會結構，清水寺的木造建築仍然大致維持其建造好時的模樣。

夜間特別拜觀

日本人雖然珍惜古蹟、愛惜傳統，但對於古蹟與傳統的保存方式始終充滿新意，使用最新穎、先進的技術以保存文物，並且透過現代科技為清水寺增光，讓夜間的清水寺也在燈光的照耀下，發出觀音的慈悲之光。

平日只開放到下午五點的清水寺，一年只有三次的「夜間特別拜觀」，分別是在春天櫻花盛開、夏季千日詣り（據說那個時候參拜觀音可以得到最大的功德）、秋天的楓紅飄落，有時開放兩個星期，有時只有一兩天，能夠在夜間進入清水寺的機會並不多。

當音羽山的櫻花盛開，透過日本先進的LED照明科技，節能又可以打亮夜間的櫻花，燈光的角度對於欣賞的視角相當重要，有時打得不好反而會讓夜間的寺廟顯得陰森，點燈（ライトアップ）也是需要素雅的美感，才能展現出清水寺的氣氛。

當夜色漸漸地暗了下來，前往夜間的清水寺，在清水舞台旁的翼廊欣賞夜間的清水寺，不僅可以看到清水舞台與正殿夜間帶點靈性的光芒，還可以遠眺京都市街的夜景。透過五百盞燈光的照耀，爛漫盛開的櫻花在春日的夜間呈現出奇幻的氣氛。

佛門淨地雖然不能飲酒，也不能談情說愛，但清水寺的夜櫻當前，不知為何總有浪漫的感覺。

美與不滅的追求：金閣寺

當我參觀金閣時，始終困惑於一間禪寺為什麼會裝飾得如此金光閃耀。然而，金閣的輝煌不是俗艷，而是帶著一種距離，一種不是現實世界的產物。

南泉斬貓

說金閣寺的故事可以從斬貓的故事開始說起，什麼？斬貓？！對於貓奴來說這可是件大不敬的事，但這是一宗禪宗公案。在《景德傳燈錄》記載：

師因東西兩堂各爭貓兒。師遇之白眾曰。

道得即救取貓兒。道不得及斬卻也。眾無對。師便斬之。

趙州自外歸。師舉前語示之。

圖12

金閣寺一隅（圖片來源：flickr）

趙州乃脫履安頭上而出。師曰。汝適來若再。
即救得貓兒也。

禪宗公案，人言殊異，歷來各有不同的詮釋與見解，端賴自己的修行與體悟。簡單的翻譯一下這則故事：

東西兩堂的僧眾因為爭奪一隻貓而起爭執。南泉和尚經過，抓住貓並且提起刀子，向僧眾說：「你們說說看，如果知道我做此事的道理，貓兒就可得救；如果不行我就殺了這隻貓。」僧眾們面面向覷，不知所措，南泉和尚便將貓殺了。此時趙州從外面回來，南泉禪師問他對這件事有何看法，趙州將鞋子放在頭上便走了出去。南泉和尚說：「如果趙州在的話，小貓就得救了。」

我一直以來對於歷來的禪宗如何解釋這條公案並不熟悉，但也並不是太在乎歷來的解釋。

南泉對於僧眾們因為小貓而墮入爭執，乃是因為落入凡間的欲望而有所執念。他希望弟子們能看破自身的執念，無料弟子們不懂禪師的意思，南泉就將小貓給殺了。

趙州理解南泉禪師的想法，將鞋子放在頭上或許暗喻著僧眾們的爭執對於佛門弟子而言是「本末倒置」，清淨之地怎會為了一隻小貓而起凡念呢？然而，趙州也不滿南泉將貓給殺了，因為殺生也是本末倒置的作法，故便往外走去。

超凡脫俗的美

談金閣寺為什麼提到「南泉斬貓」的禪宗公案呢？

三島由紀夫的《金閣寺》中，這宗公案可以說是貫穿其間，只是三島的詮釋將之與金閣寺的美連結在一起。在三島的版本之中，貓成為美的化身，東西兩堂的僧眾為了「美」而爭。然而，貓是美的化身，毀了貓卻無法斷絕美的根源。

小說《金閣寺》最後主角將金閣寺燒燬，為的是對於美與不滅的追求：

如果燒燬金閣，也未嘗沒有教育上的意義，因為大家可以類推，所謂不滅並沒有任何意義；可讓世人瞭解，他雖然屹立於鏡湖畔五百五十年，卻不能成為任何事情的保證；也可給人類一個啟示──明天也許我們會遭遇毀滅的恐怖。

圖13

金閣寺（圖片來源：flickr）

當我參觀金閣時，始終困惑於一間禪寺為什麼會裝飾得如此金光閃耀。然而，金閣的輝煌不是俗艷，而是帶著一種距離，一種不是現實世界的產物。三島由紀夫清楚地抓住金閣寺這種超脫凡俗的美，作為人類創作物品的極致表現。

三島的作品以一九五〇年金閣寺的燒燬事件為藍本，當時於金閣寺見習的僧人林承賢縱火燒了金閣。林承賢患有嚴重的口吃，似乎還有精神上的疾病，事件後自殺未遂，母親聽聞之後從保津峽的列車跳下自殺。這件事本身就充滿奇特的色彩，三島由紀夫改編後，將金閣寺的「美」作為其中的主題，使金閣寺和燒燬事件更具傳奇性。

金閣的建造

金閣寺一開始的建造過程，是作為室町幕府大將軍足利義滿出家之處，將這裡作為其後半生的居所，義滿死後成了鹿苑寺。

金閣寺前臨鏡湖池，為三層的寶塔建築，第一層的「寢殿造」主要為佛堂，中間供奉釋迦如來，左側則是出家後的義滿坐像、第二層的「書院造」則供奉觀音與四天王像、第三層則為「究竟頂」，供奉佛舍利。在尖塔上有一隻銅鎏金的鳳凰。由於第二層和第三層外表貼上金箔，故俗稱為「金閣」。

然而，或許在足利義滿的時代，金閣的美還無法如此的超凡入聖。義滿雖然是個有文化涵養的大將軍，但出家後還是掌握大權，將金閣寺作為其辦公之處，沾染俗事。附近除了佛寺外，還有公卿間、集會所、天鏡閣、拱北閣、泉殿閣等提供大臣與僚屬休息之處。

金閣的意境應該還是等義滿死後，其子義持請夢窗疏石禪師為住持時，才能將金閣的美凸顯出來。夢窗疏石對於庭院的設計，使得世俗之人可以透過具體的形象、花草和庭院感受到禪意。

一草一木對於夢窗疏石而言都是禪。金閣寺在山的環繞下，以鏡湖池為中心，構建成回遊式庭園。池內有葦原島、鶴島、龜島等多座島嶼，還配置了畠山石、赤松石、細川石等奇石。

透過池水的映照下，金閣寺彷彿成了虛幻的倒影，有種不真實的感覺，帶著一種虛無的感覺，而使人忘記了實與虛之間的差異。

聞見覺知非一一：天龍寺

天龍寺的庭園，水映景，也借景，以曹源池為中心，將附近的龜山與嵐山借景於園中，使得現實與造景之間相互交融。

嵐山的古蹟名勝是見證中國和日本之間文化交流的重要場所之一，龜山公園中的周恩來〈雨中嵐山〉詩碑與中之島公園的「日中不再戰碑」，說明了日中邦交過去幾十年的友好的「歷史」。

而在渡月橋旁的天龍寺，目前被聯合國教科文組織登錄為世界遺產，則是中日佛教文化交流上的重要見證。道昭、空海等名僧唐代至中土學習佛教，進而回日傳播佛教。而南宋時，不少日本僧侶至中國學禪，也有一些僧侶赴日定居。

禪宗不只在精神上薰染日本的皇室、貴族、武士與平民階層，還對建築與物質文化產生影響。由於坐禪的文化流行，寢殿式的建築和平安時代的池泉舟遊式的庭園，也逐漸轉變成回遊式的庭園，相關的造景也隨之轉變。

禪院中的修行者，除了潛心修佛之外，對於禪意的美學、寺廟建築和山水造景的設計都有獨具之處。

天龍寺的建立，和日本史上的混亂有關，是一座亂世中的綠洲。

一天二帝南北京

日本歷史上的政治問題，經常出於天皇與幕府之間的衝突。雖然實際上天皇是權威的象徵，將權力讓與具有實力的將軍，由將軍代理天皇處理政事，但兩者的關係並不一定和諧，有時甚至會出現緊張的關係，或者產生相互毀滅的可能。

日本的南北朝時代即是鎌倉幕府與京都的後醍醐天皇間的衝突。京都的天皇想要掌握權力，夢想王政復古，一攬大權。鎌倉幕府派出足利尊氏前往摧毀朝廷的勢力，但足利尊氏倒戈，使得後醍醐天皇得以親政，鎌倉幕府走上滅亡（一三三三年）。

天皇親政雖然在法理上是天經地義之事，但壟斷所有權力的後醍醐天皇卻不顧社會與政治的局勢，大量剝奪武士階層的權力，不到三年政權就瓦解了。取而代之的是當初支持後醍醐天皇的足利尊氏，後醍醐天皇逃亡吉野，足利尊氏則在京都另立光明天皇。

一個日本出現兩個天皇，「一天二帝南北京」即是說明這樣的狀況，幕府所支持的京都光明天皇，時人稱之為北朝；而後醍醐天皇所在的吉野則是南朝。

兩個朝廷的對決延續了五十多年，後醍醐天皇最終抑鬱死於吉野，南朝的勢力逐漸衰微。據《太平記》中所言：「玉骨縱埋南山苔下，魂魄常望北闕之天。」後醍醐天皇說完此句話含恨而死。

天龍寺的禪意

獲得勝利的足利尊氏為了平撫分裂後的局勢，弔唁後醍醐天皇和戰亂之中死傷的士兵，在嵐山大堰川畔籌措大量資金建立了天龍寺，以夢窗疏石為開山禪師。

戰亂的時代中，具有謀略且會打仗的武士在政治和軍事上容易獲得較大的成就，而醉心詩文書畫之人，寺廟或許是個相對為寧靜的地方。夢窗疏石不只是一個禪師，也是一個偉大的建築師、設計師，他在日本建築與庭園的設計上，將山水賦予無止盡的哲學意涵。

在夢窗疏石所設計的寺廟中，除了天龍寺之外，西芳寺也是一絕，而京都以外的永保寺、惠林寺和覺林房也都出自他的設計。天龍寺的庭園設計上，夢窗疏石雜揉唐風，使用許多漢文典籍中的典故，像是鯉躍龍門，三尊石及龜、鶴島的石組。

禪宗對於日本的文化影響相當巨大，當時的京都五山指的是：天龍、相國、建仁、東福和萬壽等。除了出家者眾，皇室、武士和平民都或多或少的都接觸佛學或信仰佛教。

室町時代（一三三六至一五七三年）所發展出來的精緻文化，與禪學在京都的傳播有很大的關係。以建築文化而言，金閣寺的建築混和了日本、天竺和唐文化三者的樣式。在庭院造景上，由於中國水墨畫與禪畫的傳入，日本庭園也採用枯山水的樣式。

由中國所傳入的茶，在日本改造成具有禪意的儀式，而茶道所需的茶庭，建築上的簡樸素雅，庭院石頭的擺設與樹木的修剪都具有內在的意涵。

天龍寺的迴遊式庭園是室町時代典型的禪宗庭園，寺中沒有神佛的雕像。禪

圖14

天龍寺（圖片來源：flickr）

寺圍繞著曹源池，池中的枯瀑石組按照地勢的高低組成三段，稱之為「須彌山石」。石組包括鶴龜蓬萊石組、瀑布石組、以及橋石組。「三」在佛學之中有相當多的意涵，或指三世、三身或是三自性。

而在石組中也有「魚躍龍門」的象徵，在天龍寺應該不是中國的登科或是富貴之意，魚躍龍門或許多少暗示著禪修過程中的努力，雖然講究頓悟，卻也要時時勤拂拭。

天龍寺曹源池的典故來源很明顯地是「曹源一滴泉」，曹源即六祖慧能傳法之曹溪，或許暗指於此池領悟禪。池水在日式庭園中本身就是一個值得玩味再三的地方，舉例來說，金閣寺中的「鏡湖池」或有明心見性之意，與金閣的美相互襯托，使得真實與鏡景之間難以分辨。

據《夢窗國師語錄》，夢窗疏石禪師對於曹源寺留下如此的詩句：

曹源不涸直臻今
一滴流通廣且深

曲岸回塘休著眼
夜闌有月落波心

詩句中的「休著眼」或許就是指出真實與映照出的景物之間的虛幻。天龍寺的「池泉迴遊式庭園」，所迴遊者即是池或泉，水映景，也借景，以曹源池為中心，將附近的龜山與嵐山借景於園中，使得現實與造景之間相互交融，這種意境和《碧巖集》的體悟十分相近：

聞見覺知非一一
山河不在鏡中觀
霜天月落夜將半
誰共澄潭照影寒

天龍寺雖然數度遭受祝融，但嵐山與龜山的景致不變，數度重建之下，禪意依舊。二〇一三年冬日的嵐山旅行，一早到了天龍寺，平日遊人如織的天龍寺，當

圖15

天龍寺一隅（胡川安拍攝）

圖16

天龍寺（圖片來源：flickr）

日只有稀稀落落的兩三人。

在曹源池旁，坐在木質的地板上，望著遠方的嵐山，也欣賞水中的借景。冬日的陽光，灑落在池中，心中和腦中似乎漸漸的處於無思的狀態，然後興起一股澄明之感，時間宛如也凝結了起來。

枯山水的靜寂之美：龍安寺之秋

龍安寺的枯山水石庭在美學和禪意上都是無可比擬的名作。石庭是本身就是一種隱喻、一種彼岸的象徵。簡單的石庭如此吸引人，卻又蘊含著複雜的深意與精確性。

龍安寺的美麗與哀愁

初識龍安寺是在《美麗與哀愁》中，川端康成說道：

京都寺院的疊石庭園，還有好幾處一直留到現在而很出名的。西芳寺的石苑，銀閣寺的石苑，龍安寺的石苑，大德寺大仙院的石苑，妙心寺退藏院的石苑等，就是其中主要的古蹟吧。就中，尤以龍安寺的石庭，不單是名氣大，在禪學和美學上，可說是神格化了的。這當然不是不無理由的。是無可比擬的名作，而且很

圖17
龍安寺（圖片來源：flickr）

完整。

《美麗與哀愁》中的主人翁是一個作家和畫家，情節存在著畸戀與不倫，小說中的每一篇就是一個情節、一場風景：梅雨天、疊石——枯山水、火中蓮……等。透過美麗的景色呈現哀愁的故事，也討論著美學、哲學上的意義，《美麗與哀愁》可以算是川端康成對於日本「美學」的重要詮釋作品。

日本的「美學」挺抽象而且複雜，不只參雜了本土的藝術、文學，還包含佛學、儒學等中國傳去的學問，凝鍊在簡單且豐富的意境中。

十一月下旬，京都的紅葉正盛。雖然今年的紅葉落得快，還沒盛紅就已經凋零，但造訪龍安寺那天，紅葉仍然醉人。

我從北野天滿宮出來，參拜了學問之神，便搭上京都的路面電車嵐電往龍安寺去，行過龍安寺的表參道，走入山門，迎來了秋日的鏡容池。

亂世中的寧靜

深秋的陽光灑落，紅葉在風中搖曳，如此安寧、祥和的景色，卻是在亂世中產生。影響京都歷史至鉅的「應仁文明之亂」發生於十五世紀中期，當時留下的《應仁記》如此紀載：「雖謂治亂興亡自古習之，然應仁之一亂者，王法佛法，均破壞滅亡。」三分之一的京都在這個時代毀於亂世的大火中。

應仁之亂的東軍總帥細川勝元就是龍安寺的創建者，日本的中世紀末期，雖然戰亂頻仍，但當時的文學、藝術和思想都相當蓬勃。日式庭園的「枯山水」、住宅內部的設計，像是卷軸、插花……等都是在此時誕生。生於亂世的龍安寺，也毀於應仁之亂，在十五世紀時才由特芳禪傑住持所復興。

龍安寺最為知名的就是其「枯山水庭園」，走進庭園時，秋日的遊客雖然不少，但大家靜靜地在庭園旁或坐或站，從不同的角度欣賞，時間彷彿凝結。石庭的組成相當簡單，只有十五塊石頭和白砂，但如此簡單的造景，卻讓後世的人玩味再三，無法窮盡其本質與真諦。

圖18

龍安寺一隅（胡川安拍攝）

石庭之謎

日本的「枯山水」沒有真實的山水，但卻是庭園造景的一環，其中的「水」往往以細砂代替；而「山」則以石塊展現。細砂展現了水的波紋，庭園中的山水卻是了無生氣的「枯」。

這樣的造景本身就是一種隱喻、一種彼岸的象徵。

京都不少寺廟中都有「枯山水」，但龍安寺的石庭所展現的最為難解，甚至成為一個解不開的謎團，讓不少遊人墨客反覆思量。

有些學者透過藝術表現方式的透視法加以解讀，原因在於龍安寺的石庭從左到右或是從右到左觀賞，都有不同的效果，明明是一個規整的長方形，當橫向移動時，遠處的石牆卻產生深淺不同的效果，可以說是透視法在庭園造景中的活用。

龍安寺石庭的作者諸說紛紜，據傳是龍安寺的創建者細川勝元所作、也有可能是他的兒子政元、也有傳說是相阿彌，或是茶人金森宗……等。由於無法知道龍安寺的石庭是由誰所創作，也就無法說明是在西洋影響下的透視法，或是日本人自身的創作。

或許，也因為如此，更增添龍安寺石庭的神祕感。

「虎之子渡」

至於由十五個石頭和白砂所構成的石庭，究竟表現出什麼樣的意涵呢？

在《都林泉名勝圖會》這本紀載京都庭園的書中，將龍安寺的石庭稱為「虎之子渡」（虎の子渡し）。故事源於宋代周密的《癸辛雜識》，有著十分吸引人的情節：生了三隻小虎的母虎為了帶子渡河傷透腦筋，原因在於其中一隻是彪虎，個性兇猛，如果母虎不顧著就會吃掉其他兩隻小虎。然而，母虎一次只能帶一隻小虎渡河。

母虎想到的方法是先帶彪虎過河，然後回來帶另一隻渡河，但是彪虎與另外一隻在彼岸也有可能會吃掉牠，所以將彪虎再送回另一岸之後，然後將另一隻溫馴的帶過去，最後再游回來將彪虎帶過去。

人生的選擇很難，尤其是面對心中的猛虎，我們是否能像母虎一般，以無盡的耐心解決眼前的難題和心中的欲望、獸性，將大家帶至彼岸的淨土呢？

或許這也象徵著禪修過程的艱辛，道德的難題需要細心的解決。如果不看文獻的話，我實在無法瞭解石庭的故事，也許我本俗人，無法參透無須太在意。秋日駐足於石庭中，便覺自在、清涼，而且看著看著，心中似乎就沒有雜念了，完全被眼前景色所吸引。

簡單的石庭如此吸引人，卻又蘊含著複雜的深意與精確性。東端的石組「三尊石」，西端為「龜石組」，中央石組為蓬萊、方丈、瀛洲三仙山，構成「七五三石組」的十五塊石。然而，有趣之處就在於：身處龍安寺的庭園中，永遠無法數到十五顆，設計者透過巧思，讓觀者無法算清石頭的數目。

志賀直哉在一篇小文章〈龍安寺之庭〉當中提到龍安寺的枯山水中帶著不可思議的嚴謹，但在其中又可以令人感受到雀躍喜樂，或許這也是禪的體悟吧！

走出枯山水，再回到鏡容池的「真」山水，寧靜、空白的心似乎又回到了人間，秋日的楓紅在心靈洗滌之後，又是一番風景。

東洋寶石之箱：大原三千院

春日的櫻花、夏天的紫陽花、秋日的楓紅、冬日的雪景在三千院都有不同的特色。每一個角落都有可觀可讚嘆之處。以往平安時代的貴族，不少人都在此隱退，離開世俗的煩擾。

孤獨的女人與三千院

我喜歡聽日本的演歌（又是一個很特別的興趣），第一次知道三千院就是從演歌當中聽到，歌詞是這麼唱的：

京都　大原　三千院
恋に疲れた　女がひとり
結城に塩瀬の　素描の帯が

京都大原的三千院
為情所累的女人是孤單的
穿著結城塩瀬所出產的素描衣帶

池の水面に　ゆれていた
京都　大原　三千院
恋に疲れた　女がひとり

有如池中水面上的波光搖曳
京都大原的三千院
為情所累的女人是孤單的

一開始聽到這首歌時是由一青窈所唱（在大覺寺唱演歌），後來又聽到石川小百合展現不同的唱法，讓我以為是為女性歌手所創作的歌詞，帶點悲情的苦戀。但是，翻閱了一些資料之後，才知道原唱者是デュークエイセス（Duke Aces），這是一個四人的男子團體，一九五五年組成，是日本戰後很早的本土爵士歌手。

三千院從女歌手的苦情歌變成爵士樂，對我來說不免有點意外，歌詞由知名的詞人永六輔所做，也成為京都的代表熱門歌之一。歌詞中點出了京都的三大寺院：三千院、高山寺和大覺寺。接著就以日本女性的傳統服飾接續著歌詞，從茨城縣的結城紬、鹿兒島的大島紬和新潟的塩沢絣，一個為情所苦的女性穿著這些服飾在古寺排遣心情。

京都的傳統服飾是西陣所產的染織，為什麼這位謎樣的女性不穿京都的衣服呢？永六輔歌詞中的女性所穿的衣服，其實是自己的妻子所愛的服飾，但其中孤單的女性是否指的是自己的太太呢？這就不得而知了。

從歌詞中認識了三千院，我還以為這間古寺像是清水寺、大覺寺或是知恩院這樣知名的古剎，直到今年的夏天到京都後，才有不一樣的體認。

開會之餘的沉澱

六月底到京都開學術會議，除了見到許多學界的朋友，也想更加認識古都。我已經不知道來了京都多少次，有時只是匆匆路過，有時居住的時間較長，但總覺得無法好好認識京都，就像瞎子摸象，這邊碰碰、那邊摸摸，無法一窺全豹。京都或許就是如此，千年的風華總無法看清，只有不停地探索，在自己有限的時間中，瞭解那無窮盡的寶藏。

開會之餘，夏天才剛開始，京都的溽暑是出了名的。遠離開會的緊張氣氛，前往自在輕鬆的地方，而且在夏日還能享受清涼的地方，是我嚮往的所在。京都有這樣的地方嗎？

如果我是一個平安時代的貴族，厭倦了宮中的勾心鬥角、日復一日的繁瑣禮儀，想要脫離這一切，我會到什麼地方呢？遊人如織的地方不是我想去的地方，北郊的貴船神社則有一堆人在川上吃料理，似乎也不是太清靜，看著京都的地圖，洛北的山中，呂川和律川所經過的三千院，讓我想到了孤單的女子，為情所苦的女子應該不會選擇太吵雜的地方吧！

大原之里

開會完的隔天，從入住的飯店租車一路向北，道路漸漸的縮小，旁邊的綠意越加繁盛，最後完全被森林所包覆，加上周邊的溪流，似乎走進自然中。

走進大原，時間彷彿停止，除了部分的柏油路面還有點現代化的跡象，一派的田園風光，群山環繞的小平原成了這裡居民種作的空間。除了稻米之外，還有各種京都才能看到的傳統野菜，而此處最有名的農產品就是味增，附近的農民都會自家釀製。

以往大原稱為「魚山」，是日本天台宗的修行處，作為「天台聲明」的修行

圖19

綠意盎然的大原三千院（胡川安拍攝）

地。上面的詞彙似乎都有點困難，但都可以從修行和隱居來加以理解。什麼是「天台聲明」？有點類似基督教的讚美歌，是日本的佛教大師到了中國後帶回來的一種儀式，後來由良忍（一〇七三至一一三二年）在大原開設道場，傳承天台宗的「聲明」儀式。平安時代的「聲明」和舞樂、雅樂合奏，公開地舉行儀式。

由於「聲明」在大原舉行，不僅蟲魚鳥獸都在此聞道，附近瀑布也都因此沒了聲音，因此三千院附近的瀑布有「音無瀑布」（音無の滝）之稱。而將大原稱為「魚山」又是為什麼呢？

魚山在中國的山東，佛教音樂中的「魚山唄」從此而來。三國時期，曹植曾有一段時間住在魚山，在當地翻譯佛經，也隨著僧侶吟唱從印度而來的「梵唄」。西方而來的佛教旋律相當優美，但卻苦無漢語的詞彙可以演唱，才高八斗的曹植便以梵文的旋律搭配漢語的歌詞，讓印度的「梵唄」在中國得以吟詠，史書上稱為「改梵為秦」。

「魚山唄」到唐代時，隨著入唐的僧人傳到日本，在日本將佛教音樂稱為「聲明」，而大原以往稱為「魚山」就是因為此地是佛教音樂的聖地。

遠離俗世煩惱的景緻

三千院在日本天台宗當中位階相當崇高，殿宇的設計也十分雅致，並且處處皆有巧思。坐落與律川和呂川的中間，後面倚著小野山。三千院有正殿、客殿、宸殿，還有池泉迴游風格的庭園：有清園和聚碧園，透過自然的地勢加以安排，並且讓庭園的景色融入建築中。

正殿即是往生極樂院，是藤原時期（八九四至一一八五年）所留下來的建築，其中供奉三尊阿彌陀佛。三千院的建築外觀並不顯著，清幽的禪院，相當的簡樸，但庭院卻處處顯禪機，春日的櫻花、夏天的紫陽花、秋日的楓紅、冬日的雪景在三千院都有不同的特色。每一個角落都有可觀可讚嘆之處。以往平安時代的貴族，不少人都在此隱退，離開世俗的煩擾。

六月底適逢日本的梅雨季結束，有句話說：「雨過青苔潤。」光亮的色澤在陽光的照射下顯出不同的層次。日本人養苔是種獨特的美學，區分出一百多樣不同種類的苔，讓綠意展現出豐富的層次感，有的像是柔軟的地毯、有的像波光搖曳的湖面。從苔看出萬事萬物的禪機與哲理，讓我想到柳宗元的詩：

圖20

大原三千院中的「童地藏」（胡川安拍攝）

道人庭宇靜，苔色連深竹。
日出霧露余，青松如膏沐。
澹然離言說，悟悅心自足。

道人的禪院清靜幽雅，綠意的苔連接著深處的竹林；日出的陽光映照著晨間的霧氣和露水，青翠的松樹宛如沐浴後塗上脂粉一般，恬淡自適的感覺讓我無以言喻，但內心所悟出的禪機相當滿足。一片苔原就是一個世界，細細體會有如萬花筒一般的精采，難怪井上靖讚美三千院的苔庭有「東洋的寶石箱」。

我帶著剛滿一歲的孩子在庭院中欣賞，在苔癬的綠意中發現了幾尊帶有童趣的地藏，日文稱此為「童地藏」（わらべ地蔵），護佑孩子健康成長。他們站著或坐著，也有橫躺和歪著頭的，相當討人喜愛，而且在一片綠意的苔中，好像在玩捉迷藏，希望童地藏能讓小寶貝健康長大。

回程時，穿過田野和森林回到京都市中心，昨日學術會議的緊張感已經消卻，京都的景色好像有點不同了。或許〈孤單的女人〉中的那位主角，在走過三千院後，也會有不同的人生體悟。

轉角遇見現代：南禪寺

千年古都的魅力就在於每個轉角、每片風景都是不同時代累積下來的遺產，南禪寺從中國到羅馬，從古典走到現代，都吸納在京都層層的歷史階梯中。

南禪寺的武家面

旅行總是一期一會，珍惜會面的緣分，下次也許無法再相見，但總有些景點、人物和景色是那麼地有緣，即使不同次造訪，也有相遇的可能。有時甚至在不同的地點遇見相同的人物與故事，南禪寺就是這樣的地方。

以前在京都時，常遊東山附近，南禪寺周邊，疏水道、哲學之道、平安神宮都是常遊的景點，總覺得到京都，都會在附近溜搭一下。

京都人的俗諺：「南禪寺的武家面、妙心寺的算盤面、東福寺的伽藍面、大德寺的茶面。」「面」是外在給人的感覺，一種印象、一種初次會面的經驗。南禪寺和武家扯上關係或許與藤堂高虎有關，這位稱霸戰國的武將，侍奉過淺井、織田、豊臣和德川家。除了驍勇善戰外，也是築城的高手，善於以自然地勢作為屏障。

決定德川家與豊臣家的大戰：大阪夏之陣，藤堂高虎作為德川家的右先鋒立下戰功。然而，戰爭即使是勝利的一方也有傷亡，戰後藤堂高虎為了紀念傷亡的兵士們，於一六二八年重建南禪寺的三門以悼唁他們。

藤堂高虎不僅是築城的大師，所建立的兩層三門更是南禪寺現在最令人印象深刻的景色之一。高二十二公尺的三門，登樓後可以遍享京都的市容與街景，將凡世盡收眼底，而轉過身則是脫塵超凡的禪院。

南禪寺的歷史不只可以推到德川與豊臣家的戰爭，還可以說到中、日佛教的文化交流，甚至可以說到羅馬與京都的關係。或許可以從我兩年前到伊豆的修禪寺賞楓說起。

從奸細到國師

曾在伊豆賞楓、泡湯，也到修禪寺參拜。修禪寺的一山一寧禪師，元代時奉命由浙江的普陀山東渡，乃為了感化日本。元帝國曾經在一二七四年和一二八一年兩次侵略日本，兩國的關係本來就不睦，奉命前往日本的一山一寧禪師是帶著必死的決心前往。

然而，當時的鎌倉幕府，主政的北条貞沒有加害於一山一寧禪師，讓他編在修禪寺裡，並派人監視。一山一寧乃得道高人，隨遇而安，在修禪寺也怡然自得。北条氏後來請一山一寧到鎌倉的建長寺任住持，其名聲也傳到京都，當時的天皇後宇多上皇將他請至南禪寺任住持。

在京都禪寺中，南禪寺和建仁寺都是十方叢林的制度，繼承方式邀請得道的高僧任住持，而非寺中的弟子，所以南禪寺的歷任住持都是一代名僧，號稱京都的五山之首。

一山一寧圓寂之後，天皇贊曰「宋地萬人傑，本朝一國師。」雖然一山一寧本為元遣至日本的禪師，但其所流傳下來的佛法、朱子學和文學都是宋學的傳統，

圖21

南禪寺（胡川安拍攝）

即使在南宋滅亡之際，日本人還是尊重其宋學的傳統，而不把一山一寧禪師視為元人。

當心腳下

或許是到過南禪寺太多次，不管是秋楓、春櫻時節，還是冬季樹葉蕭瑟時的景致，散步、慢跑經過時，每次總會注意到一些以往不曾見到的細節。

走過南禪寺的玄關時，寫著「看腳下」、「照顧腳下」，見到這樣的標語，不免真的想說腳下有什麼得注意的，免得跌倒。其實熟悉禪宗公案的人早已經知道這是從五祖法演禪師而來，故事是這樣的：禪師與弟子在山間的小庵休息，由於夜已深，油燈也漸漸熄滅，當燈火闇下時，禪師問弟子們對油盡燈枯的看法。修行頗有心得的慧懃搶著說：「彩鳳舞丹霄。」雖然是漆黑一片，但內心喜樂有如彩色的鳳凰飛舞於明亮的天空，不受環境的影響，內心仍然喜樂。

弟子清遠則說：「鐵蛇横古路。」漆黑的環境如「鐵蛇」横亙於其中，幸好還有以往留下來的古路可以依循，讓心不至於散亂。

另外一個弟子克勤說了一個簡單的答案：「看腳下」。當燈盡燭滅，看不見四周時，最重要的就是注意足下，才能一步一步且踏實地走出暗夜、離開困境。樸拙、沒有虛飾，在暗黑中所需要的就是「看腳下」這麼簡單的答案，其他的弟子弄盡巧思、裝飾語言也沒有如此真誠的回答。

南禪寺山門的玄關上放著「看腳下」，點出禪院生活的核心，虎視牛步，以老虎的目光凝視眼前的事物；然而行走時得像牛一樣緩慢，不疾不徐、從容不迫，坐亦禪、行亦禪，生活中一切都可以從是禪的體現，走路也不例外。

穿過南禪寺的三門，在寺中可以看到羅馬樣式的疏水道，兩者在今日看起來雖然沒有違和感，但水道其實是在明治二十一年所修築的，當初所引起的爭議並不小。

羅馬與京都

穿越南禪寺的紅磚拱型水道，為明治維新時仿照羅馬時代的水道建築，原本鮮紅的紅磚，歷經時間的掏洗，紅磚上生長著青苔，搭配著南禪寺的蒼松巨木，成為不少電影中取景的對象。

如果不瞭解京都的現代化過程，會以為這些風景本來就在那裡，彷彿與古都的傳統一樣悠久，然而，東山附近的景觀，不僅是傳統的古蹟，也是京都現代化的一部分。

南禪寺的水道是為了將琵琶湖的水引進京都所做的努力，修建時寺方極力反對，認為這種西方、現代的設施會破壞南禪寺的景觀。然而，明治政府強烈的革新意願，以市民的便利為後盾，強行將疏水道通過南禪寺。

傳統與現代之間的拉扯，在明治維新前後的京都最為激烈。當時的維新志士們推動著大政奉還，舊幕府力量最大的為關東地區，天皇遷都東京以平息關東的舊勢力。遷都之後，隨著天皇移居東京的公家、官吏和商人們，使京都的人口銳減，從原本的三十五萬人驟減到二十萬人左右。

然而，京都市民沒有消極下去，反而投注大量的心血在京都的復興，新時代的復興不只是傳統文化的再創造，而是得思考現代的技術如何與京都這個城市共存共榮，琵琶湖疏水道就是其中一項很重要的工程。

前現代的京都為了鋪設電力系統，必須找到合適的發電方式，由於京都是個內陸城市，只能仰賴煤炭，但是運輸成本高，使得電力也無法普及於一般民眾。

圖22

南禪寺之秋（圖片來源：flickr）

為了改善運輸的問題，當時的官員們嘗試建立水道，引進京都東面琵琶湖的水，相連之後就可以更進一步的與大阪的淀川相連接，解決運輸成本的問題。

時代創造青年，青年也同時創造時代，京都府知事北垣國道破格委託了一個大學畢業生擔任此項重責任。田邊朔郎當時就讀於工部大學，也就是後來的東京大學工學院，畢業的論文就是琵琶湖的疏水道計畫，田邊朔郎指出疏水計畫的優點可以促進工業發展、帶來運輸的便利性、供給稻田灌溉之用、水道之水尚可提供防火、使京都居民的飲用水不餘匱乏、還可以淨化市區的河川。

琵琶湖疏水道的工程對於當時的日本人而言十分困難，不僅要解決水位高低差的問題，還有不同長度的疏水隧道，都在在考驗著年輕的工程師田邊朔郎。最長的隧道在琵琶湖側，總長超過二千四百公尺。由於日本人尚不熟悉現代工程，進行之時還造成不少人的傷亡。

田邊朔郎的計畫後來不僅促成了運輸的便利，還在蹴上開了日本第一座的水力發電廠，由於水力的電力，使得京都在現代化早期，其工業、商業和一般民間用電不需使用煤炭，降低了工業發展所帶來的汙染問題。

田邊朔郎所推動的京都現代化，雖然目前已經不再使用，但是京都人都還難以忘記這個帶動京都現代化的人，保存其所創造的南禪寺水路閣、蹴上發電廠、發電用的傾斜鐵道和岡崎疏水道。

西方與東方、現代與傳統在一百年前就上演著拉鋸。然而，南禪寺的疏水道在一百多年後被京都這個城市的歷史吸納，成為古都文化與景觀的一部分。

千年古都的魅力就在於每個轉角、每片風景都是不同時代累積下來的遺產，有如一層一層的歷史階梯，每一層都有不同的風景、每一層都依著另一層，南禪寺從中國到羅馬，從古典走到現代，都吸納在京都層層的歷史階梯中。

圖23

紅磚拱型水道（圖片來源：flickr）

第四章

風物詩。四季散策

京之春：花見與醍醐寺之櫻

「如果在京都，只看一次櫻花，就到醍醐寺吧！」京都人這麼說著。

北從北海道、南至九州，由三月下旬到五月初旬，從空中鳥瞰彷彿鋪上了一層粉紅色的地毯。

伴隨著櫻花的盛開，不只代表春天的訊息到了而已，櫻花還是神聖的花朵、歌詠的對象、文學當中的隱喻、文化的內涵、民族的象徵、大和之心與軍國之魂。

提到日本，無法不想起櫻花，從三月到五月，一系列的活動伴隨著櫻花的花季進行著，不只是觀光或是單純的賞花，對於日本人而言，櫻花所代表的內涵和象徵，是深層的文化與心態。

當春天到來的時候，日本的報紙、電視台、雜誌、網路都競相報導櫻花的開花狀況，氣象廳還會發布天氣預報，預測開花的訊息、滿開的時間點，將各地的花

圖1

醍醐寺之櫻（胡川安拍攝）

期連接起來，稱為「櫻前線」，而對櫻花的喜愛，也從語言之中融入社會、歷史和文化之中。

在日語當中發現櫻花

從字義來看的話，民俗學者折口信夫曾考察日語櫻花的由來，「さ（田之神、穀靈）＋くら（神座）」，將櫻花和農耕之神連繫在一起。

或許櫻花綻放的三、四月，適逢春日降臨、萬物復甦，也是可以開始播種的時候，櫻花有如天地的使者，故日本人將之與農耕聯繫在一起。

日文的「花」也是一種泛稱，但是如果說「花見」就是指賞櫻，而非「櫻見」。在日語中還有不少指涉櫻花的詞彙。「櫻時」指的是櫻花開花的時間、「花衣」則是看櫻花所穿戴的服裝、「櫻狩」是說看櫻花時的過程，由於短暫的花期一瞬即逝，必須像等待獵物一般，以防止櫻花跑掉，而「櫻吹雪」則是指櫻花凋零時，白色的花瓣灑滿地下，當春風吹撫，有如吹雪一般。

還有各式各樣的櫻花語言：

櫻花盛開的樣子有如白雲：櫻雲（おううん）

櫻色：さくらいろ

櫻花花季：さくらどき

……

從詞彙就可以看到對於一件事的重視程度，為了將櫻花與萬事萬物聯繫起來，就必須創造出適切的詞彙。而櫻花的語言也具體展現在具備季節感的日本料理之中，在櫻花盛開的季節所捕捉到的魚為「櫻魚」（さくらうお），以櫻花季節作為區分魚的屬性，這在語言的劃分上非常的特別。

事實上，不只魚類加上櫻花之名，櫻花本身也是可以食用的。當櫻花盛開時，有一些主婦在櫻花樹下撿拾地下的櫻花葉，將櫻花加以醃製後食用，或是提煉出櫻花的香氣製成櫻花冰淇淋。除此之外，櫻花飯、櫻花茶、櫻花啤酒、櫻花糕……等，種類多到令人目不暇給。

圖2

醍醐寺中的佛像（圖片來源：flickr）

神話與文學當中的櫻花

透過語言和詞彙來思考日本人的櫻花觀，多少可以瞭解櫻花在其文化中的重要性，也可以從《日本書記》和《古事紀》這兩本古書之中瞭解櫻花的起源，在兩本古史中，登場的女神「木花開耶姬」（コノハナサクヤヒメ），有人認為就是櫻花的起源，而「木花開耶姬」的「開耶（サクヤ）」就是櫻花讀音的起源。人類學家大貫惠美子指出：

木花開耶姬這位女神就等於櫻花，而且學者櫻井滿還認為開耶姬是巫女，是由櫻花之靈幻化而成。這位木花開耶姬和象徵稻米的天孫結婚了。天孫在以米和稻作為主的農耕宇宙觀中屬於核心存在，米在秋天收穫，而櫻花是米在春天的對應物。

櫻花對於日本人而言是聖樹，本身的美就足以構成其神聖性。平安時代以來的貴族就相當喜歡櫻花，賦予櫻花美學的生命力，在《日本書紀》中紀載，於池中設置遊船，宴飲於其中，當櫻花盛開時，花瓣飛舞於觥籌交錯的酒杯裡，使得櫻花在日本歷史的紀載中一開始就離不開風雅的氣氛。

日本最古老的詩集《萬葉集》之中以櫻兒（桜児）描述為情所苦而殉情的女子，淒美地寫著當每年櫻花開時，經常想起那個叫櫻兒的女孩。《萬葉集》中多少已經點出櫻花消逝的美感，也與少女的香消玉殞連結再一起。

在平安時代最重要的《古今和歌集》的一百三十四首春歌之中，對於櫻花的吟唱就超過一百首，春天逐漸等同於櫻花的綻放與凋謝。

舉例來說，當時這般地描述櫻花的花開花謝：連綿的細雨，櫻花轉瞬即凋謝，悲嘆身世，流淚為何？歡喜於櫻花的盛開，卻又感嘆好景不常，繁華美景轉瞬即逝，只能傷春且悲歎天地之無常。

平安時代貴族們的花宴，吟詩作對、觥籌交錯，成為日本文人、武士們後來競相模仿的對象。戰國時代雖然是武士出頭的時代，但武士們也羨慕貴族與皇室的賞櫻活動，附庸風雅，期望自己不只是一介武夫，還能在賞櫻這樣的文藝上有所表現的就是豐臣秀吉了。

花之醍醐

「如果在京都，只看一次櫻花，就到醍醐寺吧！」京都人這麼說著。或許是醍醐之櫻令人難忘，看過一次就無法忘懷，深深地烙印於心中。醍醐之櫻也是豐臣秀吉死前難以忘懷的景象，賞櫻之後的半年，享年六十三歲的秀吉也結束了精采的一生。

秀吉為了準備到醍醐寺賞櫻，動員了大量的人力和財力，或許知道自己的日子所剩無多，希望人生的最後一個春天，能夠看到最為絢爛的櫻花。

京都近郊的醍醐寺，在秀吉的時代並不好到達，抱病的秀吉為了確保櫻花的景觀，來來回回視察場地七次，以確保開花的美景和他腦海中所想像的一樣。

秀吉出身寒微，靠著自己的努力和聰明，在戰國的亂世之中脫穎而出，不僅好大喜功，還喜歡炫耀財富、漁好女色、拈花惹草。相較於優雅節制的公卿和皇室，秀吉被視為是暴發戶，缺乏品味和教養，當秀吉取得天下時，附庸風雅，訪求茶道、花道、書道、歌道名家，讓自己不再是一介武夫。

秀吉第一次拜訪醍醐寺之後，就喜歡上這裡的景色，打算將這片山林植滿櫻花，從近江的大和山城引進七百株櫻花樹，品種包含枝垂櫻、染井吉野、山櫻和八重櫻……等，並且在醍醐寺內建了八座風格各異的茶室，邀請妻妾、公卿和大名們一同參與盛會。

據說當天參加的女性，包括秀吉的妻妾和臣下的女眷們就超過一千三百人，准許她們在宴會進行之中換裝三次，人比花嬌、爭奇鬥豔的情形可見一般。這次盛大的賞櫻不只空前，而且絕後，其後的將軍們沒有人能像秀吉如此豪奢，「醍醐之花見」、「花之醍醐」也在歷史上留下雅名。

秀吉的花見雖然無法復見，但京都人每年仍然以行動記住那場盛會，在四月的第二個星期日，盛開的櫻花將醍醐寺染上緋紅的顏色時，舉辦「花見行列」以回憶那消逝的櫻花，扮演秀吉的人每年由京都各行各業的名人擔綱，上百名身著當時華服的男女重現當年的花見行列。

如果從文化史的角度來看，豊臣秀吉雖然是個俗人，但卻透過櫻花和一系列的活動，重新詮釋了日本文化的主體性。醍醐花見成為賞櫻文化的濫觴，以往日本賞花的主角是從中國傳入的梅花，在日本至今仍有不少賞梅的地點。櫻花取代梅花及是秀吉努力的成果，他大費周章地讓賞櫻成為一種文化特質，可能不只是單

圖3

醍醐寺的賞櫻人潮（圖片來源：flickr）

純的賞櫻而已，或許多少在心理層面之中有點「去中國化」的意味，樹立日本文化的特質。

清雅的修行之所

「花之醍醐」的盛名讓醍醐寺在櫻花季湧入大量的人潮，平日的醍醐寺相當幽靜、清雅。從大門進入之後，夾道的樹木，完成於九五一年的五重塔立於道旁。木造的建築歷經時代的洗鍊越見莊重，裡頭繪有兩界曼荼羅的畫像，鑒於古蹟保存上的不易，不對外開放，更增加其歷史的神祕感。

現今的醍醐寺雖是佛寺，但在九世紀理源大師建堂之前，已經是日本傳統入山岳修行者的重要場所。古代日本修行者認為山岳帶有神祕的力量，為了淨化心靈，入山修練是重要的儀式，形成所謂的「修驗道」。

當佛教東傳日本，與「修驗道」傳統揉合成「山岳佛教」，入山苦行的僧人，於山中獲得開悟的啟示或是神祕的宗教力量。醍醐寺所在的笠取山為「修驗道」的靈山，從理源大師之後的數代座主也都於山中不出、閉關修行。

「醍醐」之名何來，《涅槃經》中：「譬如從牛出乳，從乳出酪，從酪生出酥，從生酥出熟酥，從熟酥出醍醐。」醍醐乃是乳酪之中最上乘的美味，可以「除諸病，令諸有情自心安樂。」在典籍之中常見的「醍醐灌頂」則意味指灌輸智慧、佛性，使人拋棄成見，引入無上智慧，「以甘露法水而灌佛子之頂，令佛種永不斷故」。

醍醐寺位於京都的伏見，一向都以良好的水質聞名，水的源泉則來自醍醐寺所在的山中。現今醍醐寺的主體建築群一般稱為「下醍醐」，如果要登上修驗道的靈山聖地「上醍醐」，還得花上一個小時以上的時間。在登山客或是修行者爬得筋疲力竭的時候，會發現「醍醐水」的石碑。這股泉水從醍醐寺建堂起即湧出，已超過千年以上，甘甜的泉水有如灌頂，理源大師在笠取山建堂開山，並將此山更名為醍醐山，想在此傳道設教，弘揚佛法。

第一次造訪醍醐寺時在冬日的午後，溫暖的陽光灑落，漫步於寺中，看著林泉與辨天堂。清澈的池水之中映照著朱橋與天光，池邊的青苔也隨著光影的變化轉變出不同的意境，禪意十足。

再度造訪醍醐時則是櫻花滿開的時節，繁櫻似錦，為寺廟妝點上活潑的氣氛，使得清幽的寺廟殿宇之間增添了一股魯迅所說的「緋紅的輕雲」。

使醍醐寺妝點顏色的豊臣秀吉應該是不懂佛法的，對他來說，這裡的山景適合目眩神迷的櫻花，管他什麼佛門清淨之地，只要符合他的美感體驗就好。

據加藤廣在小說《秀吉之枷》之中的情節，秀吉雖然有不少的妾室，但是北政所，也就是寧寧才是他的最愛。花費大批的精力和財力在醍醐寺廣植櫻花，為了與寧寧感受以往的美好情懷。小說的情節是真是假無法確認，但是我不用像秀吉一般，等到臨終時才可見到醍醐寺的櫻花。

在盛開的櫻花下欣賞這片美景，櫻花的粉色，不是單純的一種，而是具有層次性的差別，搭配上刻意修剪的樹感，使得每一株的姿態與景致都有可觀之處。

京之夏：貴船神社與七夕

夏日前往貴傳神社的路上，溪水與綠蔭阻絕了暑意，涼風吹來，沒有登山的疲累，只有清涼地暢快。

七夕夜晚的堀川成為一個光的世界、一個許願的場所、一個傳統與創意兼具的空間。

京都的夏日相當炎熱，盆地會讓氣溫直線上升，宛如蒸籠一般。幸好千年古都一直都有避暑的方式。夏日不想留在室內，我會搭上叡山電鐵，前往京都的避暑勝地貴船神社。

消暑的風雅聖地：貴船神社

貴船神社位於京都的北部山區之中，是鴨川的源頭，為奉祀山林水澤的保護神。由於處於京都重要的水資源地，自古以來就是重要的祈雨場所。神社的起源甚至早到日本初代的神武天皇，傳說天皇之母搭船，溯流而上，一直到今天貴船神社的奧宮為止。

雖然神話的起源難以得知，但是處於川源的貴船神社並不容易到達。幸好現在有叡山電鐵，叡山電鐵離開市區之後，一路向上爬，沿路滿是綠意。將近半個小時之後，叡電停在貴船口，由此到貴船神社還要兩公里。雖然有公車可坐，但我選擇在山林中、溪水邊，慢慢地走到貴船神社。

雖然是夏日，但是溪水與綠蔭阻絕了暑意，涼風吹來，沒有登山的疲累，只有清涼地暢快。

由於貴船神社在以往為祈雨聖地，古代的信徒奉獻神輿坐乘的馬匹以為謝禮，祈求天降甘霖時進獻黑馬。如果豪雨造成災情，則進獻白馬祈求晴天。但是馬匹的照顧不易，甚至連收受貢物的神社都無法照料好進獻的馬匹，所以後來逐漸成為一種象徵，採用繪製的方式，成為現在日本神社當中用來祈願的「繪馬」。

「繪馬」是祈願的象徵，在日本大大小小的神社當中都可以看到用木板製成的「繪馬」。上面寫著芸芸眾生的願望，期望事業有成、健康快樂、金榜題名……

等，而貴船神社就是「繪馬」的起源。

京都人夏日時常到貴船神社旁的溪流之中享用川床料理，川床料理不在川邊，而是在川上。於水流平緩之處搭上木板，直接於川中享用料理，不僅消暑，還有無盡的風雅。

享受了夏日來自溪谷清涼的風。夜晚則在鴨川邊沉浸在七夕的浪漫理。

傳說中的牛郎與織女

迢迢牽牛星，皎皎河漢女。
纖纖擢素手，札札弄機杼。
終日不成章，泣涕零如雨。
河漢清且淺，相去富幾許。
盈盈一水間，脈脈不得語。

遙遠的銀河中的牽牛星和皎潔明亮的織女星。

圖4

綠意盎然的貴船神社（胡川安拍攝）。

圖5

綠意盎然的貴船神社（胡川安拍攝）。

織女以纖細白皙的手織布，織布機發出札札的聲音。織了一天的布卻不成紋理，因為傷心落下了眼淚。其實牛郎與織女相隔的銀河又清又淺，彼此相隔能有多遠呢？然而一水之隔的銀河，使他們含著相思無語地對望。從東漢《古詩十九首》中就可以看到牛郎與織女無法見面的相思之情。牛郎與織女見證了分離的痛、相思的苦。

七夕的傳說在曹植《九咏注》說：「牽牛為夫，織女為婦，織女、牽牛之星，各處一旁，七月七日得一會同矣。」牛郎與織女一年一見，隔著銀河，相望卻無法見面，往後詩人吟詠相隔兩地的思念之苦都以牛郎和織女為喻。

在台灣，七夕似乎不只是牛郎織女的節日，反而與未成年的小孩比較有關係。以往七夕的時候，父親都會要我拜「七娘媽」和「床母」。在閩南人的習俗之中，兩者都是保護未成年孩子的神祇。按照文史學者的考證，以往中國閩南地區的人渡過黑水溝台灣海峽，大部分都無法回到原鄉，婦女將希望寄託在孩子身上，期望孩子能夠平安長大。

現在的台灣人還有多少在拜「床母」很難知道，七夕隨著商業化的炒作，被簡化成「中國的情人節」，作為二月十四號西洋情人節的對比。過節的方式在內容和形式上也與西洋情人節沒有什麼不同，年輕男女甚至會在七夕找個歐式的高檔餐廳用餐，過著不倫不類的「情人節」。

傳統的節日如何在現代社會產生意義，不管是觀光或是所謂的「文創」，都必須在以往的文化中尋找靈感，結合現代社會的產業，賦予創意，然後引起消費者、觀光客和當地居民三者的參與和興趣。

京都的七夕就是個成功的例子。

京之七夕

某一年的七夕，正好是父親的追思會。我向父親道別，鶼鰈情深的父母無法白首到老，幽冥兩隔，命運的主宰者切割了他們之間的聯繫。父親的追思會後，我覺得有必要轉換一下情境。一個星期之後，到了京都。京都的夏天和台灣一樣炎熱，但夜晚卻很能感受到夏季晚風的清涼。

日本的七夕傳說雖然源自中國，但很明顯地產生本土化的現象，與原來的傳說

圖6

貴船神社裡的繪馬（胡川安拍攝）。

圖7

光之友禪流（胡川安拍攝）。

既相似又有些不同。七夕的傳說傳入日本之後，結合本來的「棚機」傳說，帶點一夜情的味道。日本最早的神話《古事記》之中有一個故事，少女為了幫助村莊消災，在河邊織衣祭神，並且與神發生了關係。

日文的七夕念法為「たなばた」（tanabata），是由日文中的「棚機つ女（たなばたつめ）」而來，而不是直接中文七夕「しちせき」的翻譯。

在七夕時，日本人會使用一種稱為「笹飾」的小紙張，以細長的竹枝，將願望寫在五彩的長方形紙條上。寫完以後綁在竹枝上，許的願望就有可能會實現。「笹飾」除了許願之外，也帶著裝飾的功用，宛如風鈴一般，看到就想到了夏天。

七夕是日本不少地方夏季的重要祭典之一，其中又以仙台的「七夕祭」最為盛大。京都夏日的祭典本來以七月的祇園祭和八月中的「五山送火」（五山送り火）最為盛大，八月初相對而言是旅遊的淡季。

京都的七夕沒有花車，也沒有過多的人潮，以一種結合傳統的創新手法，為盛夏的古都再度增添一些色彩。

京之七夕分為鴨川會場與堀川會場，以堀川的人氣較高。堀川現在只是一條不起眼的小溪流，以往這條穿過天皇御所與二条城的河流，運送了不少上層階級所需的物資，也是孕育京友禪的場所。

堀川在京都現代化的過程之中逐漸被京都人所遺忘，甚至在戰後將堀川地下化，上面蓋起筆直的大馬路，京之七夕使京都人與觀光客重新想起這條淡忘的水道。在七夕的前後十天之中頓時妝點成為一個光的世界、一個許願的場所、一個傳統與創意兼具的空間。

會場充分利用了空間上的特點，現在的堀川比起一般路面來得低，走在川邊宛如沿著溪旁的谷地而行。夜間在窄小的通道上，LED的光廊映照在水面，人群魚貫地向前走。

從世界遺產二条城前開始，京之七夕的活動一直到晴明神社，南北巷的通道上有著各式各樣的活動。不管七夕的神話在中國或是在日本，河流、願望與男女之間的情感是其中不變的母題。京之七夕充分地運用了這幾個母題，並且加入京都的特色，像是友禪染。

京都名聞遐邇的友禪染，在染色之後還必須水洗，而河水的水質會影響友禪染的顏色，織染會吸收水中的鐵，使其顏色更加美麗鮮艷。友禪染以往都是使用崛

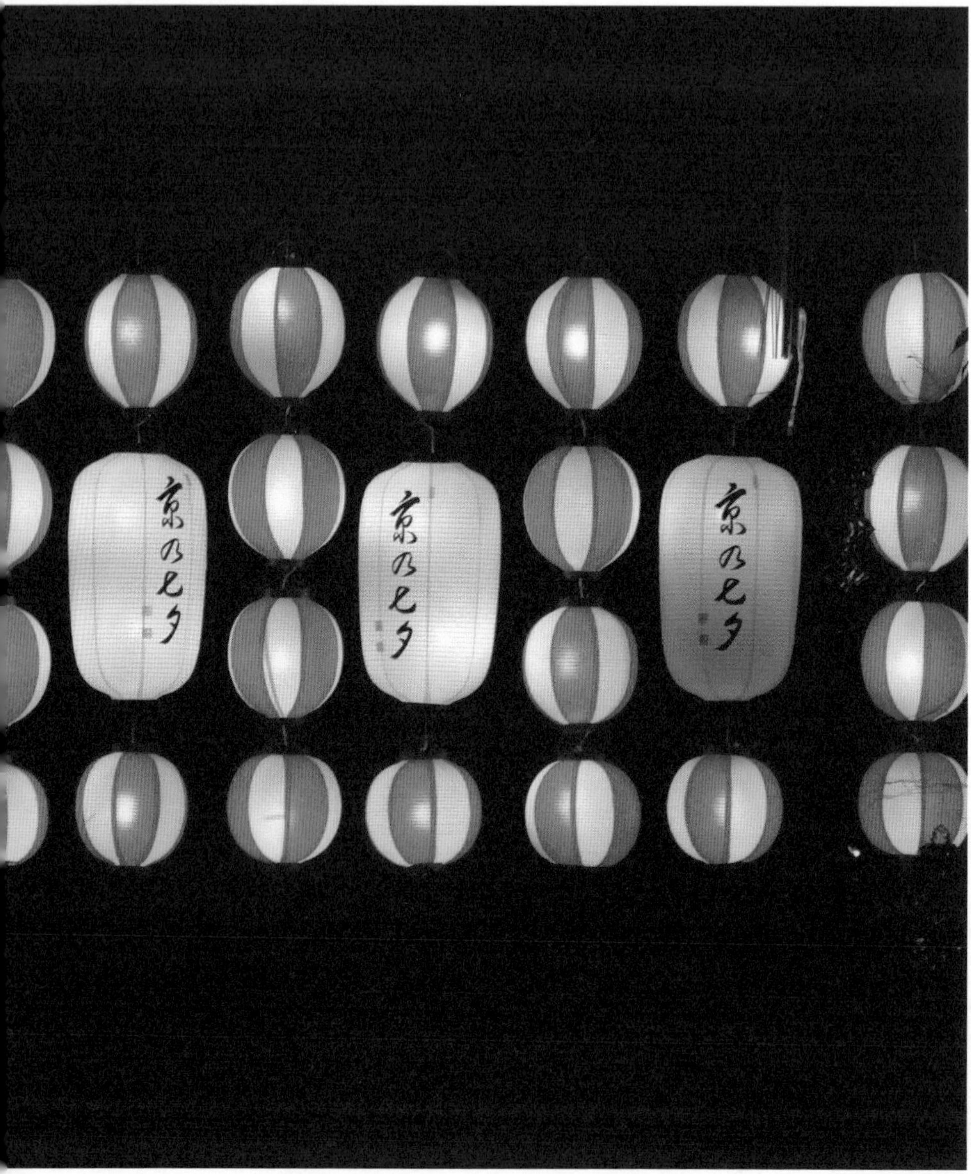

圖8

夜之七夕（胡川安拍攝）。

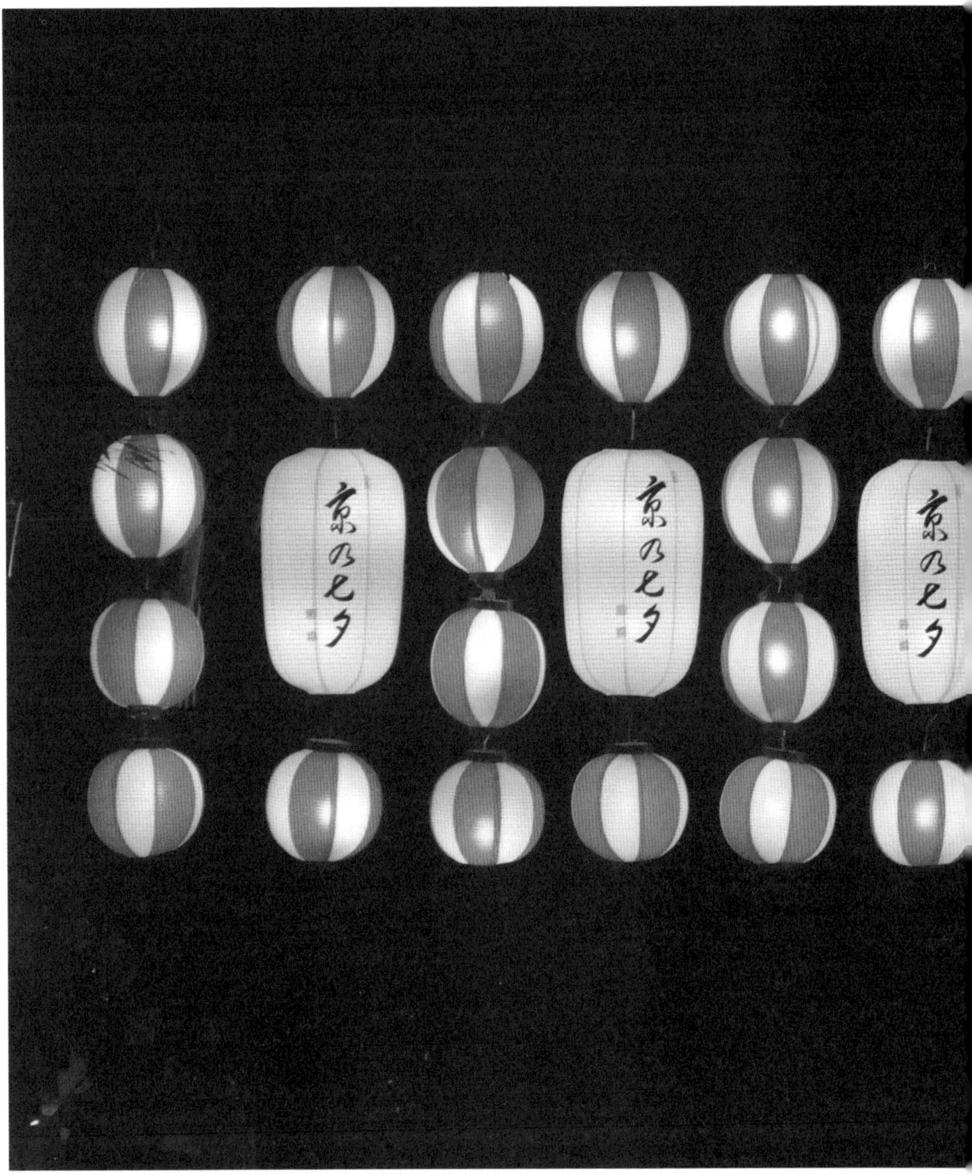
京乃七夕
京乃七夕
京乃七夕

川的水，所以京都人常說：「京友禪是水的藝術。」

在堀川會場中的「光之友禪流」，友禪染的織布在堀川的水中飄動，打上ＬＥＤ的燈光。帶點現代的詩意，又與織女、河流等七夕的主題相互輝映，堀川邊的男男女女，包括我和妳，都在浪漫的景色之中感受京都的七夕。

二条城內開放夜間的參觀，本來寧靜的二条城，在夜間閃爍著「プロジェクションマッピング」（Projection Mapping）的投影，這是近來日本常用在建築上的影像技術，可以投影於不規則的表面上，並且透過燈光的變化，使古蹟的外表穿上不同的衣服。宛如跳舞一般的二条城，在京都的夜空下呈現出活潑的氣氛。

在台灣，七月是鬼月，總是帶著恐怖的色彩；在日本，七夕不僅有傳統的氛圍，也帶著點創意的色彩。友禪染加上燈光的技巧、世界遺產二条城打上了變化萬千的燈光。夏天的夜晚，涼風吹來，浪漫的夜京都。

京之秋：東福寺

平安時代的貴族面對楓葉多感覺事物的無常與感嘆冬日的到來，帶點負面的情緒。東福寺的紅葉有「通天」的美名，為什麼呢？並不是紅葉上達天際，而是東福寺的橋廊，架於溪谷洗玉澗上的長廊稱為「通天橋」。

賞楓的起源

秋日的到來，預約著萬物蕭瑟的冬日，似乎是有點感傷的季節。然而，現下京都紅葉的季節卻人聲鼎沸，缺乏一些寧靜的氣氛，不禁讓我疑惑：賞楓在日本的傳統中都是這般喧嘩嗎？

以往看《源氏物語》，總覺得平安時代的貴族喜歡各式各樣的花草樹木，像是梅花、櫻花或是藤花。然而，在此時的文獻中，紅葉還沒有出現，雖然可以看到光源氏建六条院時植栽了紅葉，但並非為了觀賞用，大部分的紅葉多為野外生長，而非刻意成為「賞」的對象。

平安時代的貴族於秋日時大部分是在宮中的室內活動，不像春天戶外的行事那麼多，面對楓葉，他們多感覺事物的無常與感嘆冬日的到來，帶點負面的情緒。

「紅葉狩り」與豊臣秀吉

讓紅葉成為觀賞的對象可以從豊臣秀吉開始說起，而且與賞櫻有關。豊臣秀吉乃好大喜功之人，第一次拜訪醍醐寺之後，就喜歡上此處的景色。從近江的大和山城引進七百株櫻花樹，品種包含枝垂櫻、染井吉野櫻、山櫻和八重櫻等，並且在醍醐寺內建了八座風格各異的茶室，邀請妻妾、公卿和大名們一同參與盛會。據說當天參加的女性，包括秀吉的妻妾和臣下的女眷們就超過一千三百人，准許她們在宴會進行之中換裝三次，人比花嬌、爭奇鬥艷的情形可見一般。

這次盛大的賞櫻不只空前，而且絕後，其後的將軍們沒有人能像秀吉這般豪

圖9

東福寺之秋（胡川安拍攝）。

奢，「醍醐之花見」、「花之醍醐」也在歷史上留下雅名。在醍醐寺賞花的同年，秀吉也舉行了「紅葉狩」，「狩」這個字用的好，楓葉的時程短暫，一瞬即逝，必須像等待獵物一般，以防止紅葉跑掉。

春天的櫻花和秋天的紅葉都成為觀賞的對象從秀吉開始，秀吉乃俗人，不像平安時代的貴族典雅細緻，不管是賞櫻或賞楓，他都呼朋引伴熱熱鬧鬧地舉辦一番，讓本來傷春悲秋的氣氛有如嘉年華一般。

秀吉之後的江戶時代，伴隨著庶民文化的興起，富裕的商人和秀吉的氣質比較相似，賞楓或是「紅葉狩」的秋日活動當時引起一般人的興趣。以往在平安貴族間，紅葉帶著點負面的感懷情緒，到了江戶時代就成了歡樂的賞楓活動。一七九九年成書的《都名勝圖會》介紹賞楓的名勝地，這時在京都或是東京都有一些秋日的賞楓勝地。

江戶時代的賞楓和賞櫻都帶著點喧嘩的氣氛，一般大眾們帶著便當、清酒，在楓樹下享受著秋高氣爽的日子。歌川廣重所繪製的〈京都名所之内 通天橋ノ紅楓〉和從〈東福寺通天橋觀紅楓〉這兩幅圖可以看到與平安時代不同的感覺，帶著點娛樂的遊興氣氛。

通天紅葉

歌川廣重選擇東福寺的紅楓作為浮世繪的主題，主要是當時此處就已經是秋日遊人必訪之處。東福寺的紅葉有「通天」的美名，為什麼呢？並不是紅葉上達天際，而是東福寺的橋廊，架於溪谷洗玉澗上的長廊稱為「通天橋」，這也是日本目前最早的橋廊建築。

早在歌川廣重的浮世繪之前，東福寺就有數百年的歲月，建於十三世紀中期的東福寺其實有著宏大的夢想。東福寺之名源自想要超越奈良「東大寺」的規模，且要香火更勝於奈良的「興福寺」，故取兩寺中的「東」與「福」。

京都人稱東福寺的「伽藍面」，「伽藍」就是寺院。東福寺一開始的規模的確超越東大寺與興福寺，在歷史的發展中，一些寺社遭到祝融與戰亂的侵蝕已經不見，現在唯有在「三門」和「東司」可以見著。

京都很多寺廟的宗風都承自宋朝的佛學，東福寺也不例外，最早的住持辨圓禪師入宋習法，於南宋理宗（一二三五年）時師從徑山無準師範，習法六年後回

圖10

東福寺之秋（胡川安拍攝）。

日，在京都受到貴族甚至天皇的禮遇。辨圓也帶回很多佛經、文物，甚至說饅頭也是他帶回日本的，圓寂時天皇封為「聖一國師」，是最早獲得「國師」封號的高僧。

東福寺本為禪院，是出家人清淨之地，在寺院中廣摘紅葉是為了清淨、為了減少遊客。一般日本的寺廟除了楓樹以外，也會植株一些櫻樹。然而，春日賞櫻的人潮往往會讓禪院清靜的氣氛受到破壞。吉山明兆任東福寺的畫僧時，得到當時幕府將軍足利義持的贊助，並且詢問他需要什麼樣的幫忙。明兆向將軍提出的要求就是廣植楓樹，而不重櫻樹，讓東福寺不要成為遊覽的勝地。

然而，歷史總是充滿著反諷，賞楓後來成為觀光遊覽的對象，缺乏清幽和寂寥的氣氛，也破壞了東福寺的寧靜。楓葉，還是得在寂寥的時候欣賞，在四季的顏色即將結束的時候，靜靜的感受自然的訊息。

京之冬：素顏的京都

為了一年的結束，也為了明年的開始。冬天的京都或許最可以感受京都人的日常，作家柏井壽就說冬天是「素顏的京都」。

師走與事始

日文當中每一個月都有不同的說法，有些好懂，有些就莫名所以，像十二月稱為「師走」。懂得漢字的台灣人望文生義，以為是老師走了嗎？

我一直都搞不清楚，直到閱讀台灣大學中文系教授林文月的《京都一年》後才瞭解，她說道：

一是意味著十二月為一年之終，很多事情都要在新年來臨之前辦妥，一年來成績不佳的學生，更要在年終之前勤跑老師家裡，多多送禮討好；另一說則頗為揶揄清苦的教師，謂在這一年之終，家家為準備過新年，需要不少預算，教師只好在寒風中挨家挨戶去向學生借錢以渡難關。

究竟是學生要走到老師家，或是老師要到到處借錢走來走去呢？原來的典故已經不知道何在了。我同樣作為一個中文系的教授，還滿喜歡在冬天的京都走來走去的。為什麼呢？

京都從春天起就開始湧進大量的觀光客，櫻花季更是擠得水洩不通，櫻花季完了以後有葵祭，葵祭完接著祇園祭，然後又是秋天的時代祭和賞楓，還有各家寺廟和博物館的各種特別公開。太多眼花撩亂，太多的活動，還有太多的遊客。

到了「師走」，觀光客逐漸不在市區和觀光景點走，變成京都人自己走起來了。為了一年的結束，也為了明年的開始。冬天的京都或許最可以感受京都人的日常，作家柏井壽就說冬天是「素顏的京都」。

或許，「師走」一開始跟祇園的花街多少有點關係，因為在十二月十三日京都的「事始」也跟藝妓有關。從那一天開始，花街就要開始準備新年的工作，藝妓們要去拜訪舞蹈的師傅，感謝他們的栽培與指導，並且希望來年多多指教，師傅也會送上摺扇作為回禮。

立入禁止

圖11

冬季京都（圖片來源：flickr）。

除夜

日本從明治維新以後開始過新曆年，調整了以往舊曆的習俗。現在新曆年的十二月三十一日稱為「大晦日」，前一天是「除夜」，會晚睡守夜。很多日本人會在午夜時分到附近的廟宇，希望除去過去一年不好的運氣，來年是新的一年。

寺廟敲響一百零八次的梵鐘。深收佛教影響的日本，相信在即將到新年的夜晚，敲響鐘聲可以洗滌自己的靈魂，並且得開智慧。按照佛教的思想，人有一百零八種煩惱，源自於人的眼、耳、鼻、舌、身、意六根，從前世、今生到來世，還有六根的不同狀態，讓人有如此多的煩惱。

我們生活在塵世中，各種如意不如意的事情，各種欲望和感情糾結著我們。事情不盡如人意，生、老、病、死的苦痛折磨著眾生們。當除夜寂靜的夜空中，從寺廟傳出一聲一聲隆重且穩定的鐘聲，希望來年一切煩惱都能消除。

第一聲鐘到一百零七次的鐘響要在舊的一年完成，深夜零時敲下第一百零八下。日本的每一座寺廟都有著略為不同的敲鐘儀式，有些讓參拜者可以自行敲鐘，有些則是寺廟的僧侶為之。

京都的知恩院，這座有著巨大山門的古剎，它的梵鐘也相當龐大。敲鐘的方式由一名僧侶拉著粗繩（親綱），另外十六名僧侶牽著綁在粗繩上的細繩（子綱）。齊心協力，呼喊著口號，按照穩定的節奏，約略一分鐘敲響鐘聲一次。

除夜的夜晚，京都大小寺廟的梵鐘此起彼落的聲響，在古都寧靜的夜空中送走舊的一年，迎接新的一年。

初詣

新的一年不知好壞，但人總是懷抱著希望，希望未來的一年順利、幸福、健康。日本人對於新年，或所謂的「初」有特別的期待，從日語當中就可以看到。

所有學過日文的人，第一課即使還沒有學過敬語的複雜用法，也總是會學「初次見面，請多指教。」（初めまして よろしくお願いします），這和英文第一次見面的 Nice to meet you（很高興認識你）可以說完全不一樣，英文的 Nice to meet you 或許可以翻成日文的：「お会いできて嬉しいです」，但日本人在

圖12

知恩院之冬（圖片來源：flickr）。

第一次見面不會這麼說。

日文似乎頗強調「初」這個字，初心、初參、初夢、初山、初漁祝……等，各式各樣的「初」都強調第一次的重要性，對於一個重視儀式和禮貌的民族，第一次的印象似乎就已經決定了整個過程的完整性。

「初詣」（はつもうで），也稱為「初參」，指的是新年第一次神社或是寺廟參拜的活動，感謝神靈們對於過去一年的保護，也希望新的一年之中可以順利平安。以「初」為名的習俗很多，除了初詣以外，甚至包括「初夢」（はつゆめ），指個是從除夕到大年初三之間所做的第一個夢，透過這個夢可以瞭解未來一年的吉凶。

「初詣」時在有名的神社或是神宮當中都大排長龍，像是東京的明治神宮、京都的伏見稻荷大社或是大阪的住吉大社都擠滿了祈福的人群。

京都新年參拜人數最多的神社每年都由伏見稻荷大社拿下第一名，參拜的信眾最多。八阪神社位居第二，而平安神宮排名第三，北野天滿宮和下鴨神社則是第四、五名。

在新的一年，祈求神靈保佑。

雪白世界的一抹色彩

送舊迎新的氣氛中，偶然在街角，或是在寺廟中，突然可以聞到一股馨香，或是在冬季寂寥灰白的顏色中看到一點色彩，那就是梅花的味道與顏色。對於京都人來說，冬季也是賞梅的時節。

雖然現在日本人說到賞花就是櫻花，但以往梅花可是更為的珍貴。日本的古詩集《萬葉集》為植物的風物詩，其中共比喻一百六十六種的植物，櫻花只佔其中的第八位。當時仍受到大量唐風的影響，對於梅花的欣賞與吟詠遠較櫻花為多，吟詠梅花在《萬葉集》中就有一百一十八首之多，而櫻花只有四十四首。

日本學者西川松之助在《花與日本文化》指出：「在日本，賞花之風始於賞梅，雖然櫻花是日本的代表，但玩賞之風源於貴族們效倣中國傳來的賞梅習俗。」

梅花本來產於中國，在唐代的詩歌中經常的吟詠。因為日本宮廷愛慕唐風，也將賞梅的文化移植到日本。八世紀中以後，貴族經常在庭院當中種植梅花，賞梅，還有歌詠梅花就成了貴族附庸風雅的活動。

值得一提的是，去年五月才即位的天皇，年號為「令和」，典故的來源就是《萬葉集》中一首關於梅花的詩。「初春令月，氣淑風和」。美好的初春時節，貴族在酒酣耳熱，觥籌交錯之際，吟詠了賞梅詩。

京都冬日賞梅的地方當數北野天滿宮。天滿宮在全日本都有，將近四千座，京都的天滿宮是全國的總社。天滿宮參拜的是「學問之神」菅原道真，每年相當多的考生都會來這裡祈求考運昌隆、金榜題名。

菅原道真是活在九世紀中期的人物，由於才華洋溢，而且深受朝廷器重，曾經權傾一時，也留下很多的詩歌。然而，宦海沉浮，後來遭人陷害，被貶到九州。晚年抑鬱的菅原道真，傳說死後變成怨靈，還衍生出很多的傳說。

喜歡梅花的菅原道真，據說在他京都宅邸的梅樹，因為想念主人，出現到九州的大宰府，這是日本家喻戶曉的「飛梅傳說」。在九州太宰府天滿宮有一棵樹齡超過千年的白梅樹，堪稱神木。在六千顆的梅樹中，二月先開花的一定是那棵神木。

由於蒙受不白之冤，菅原道真成為日本史上之名的怨靈之一，京都的北野天滿宮本來為了安撫他的亡靈，後來才成為學子參拜之地。花園中所植栽的梅花也是因為菅原道真最愛的就是梅花。

圖13

北野天滿宮的梅花（圖片來源：flickr）。

京都最冷的時候當在一月底二月初之際，冬日的雪未融，迎接春日的梅花逐漸綻放，此時是最佳的賞梅之際。

乍暖還寒節分祭

春寒乍暖，但春意已到，通常在梅花綻放的時候，也即將進入「節分」。日本四季分明，而且不同的節氣都有不同的儀式，將傳統融入到現代的生活中。節分就是區分節氣的日子，春分、夏至、秋分和冬至最為重要。在京都，春分更重要，靠近祇園前的八坂神社，由於靠近花街，春天更加具備象徵的意涵。每年八坂神社的「節分祭」就是春分，在二月二日或三日有舞妓跳舞並且撒「五色豆」。

由於日本受中國陰陽五行的思想，「五色豆」分別為青、黃、赤、白、黑五色。五行終始，春天萬物回春，一切重新開始。而且「五色豆」也象徵著種子，讓土地回春，農作復行。

從師走到節分，京都寧靜的冬日，又要進入櫻花季，再進入年復一年的循環。

第五章

百味。飲食文化

京料理：和食之心

根植於京都千百年歷史的料理傳統，從大饗料理、本膳料理、精進料理到集大成的懷石料理。展現季節感和儀式性，從食材、器物、空間到禮儀，具體展現京都的文化和歷史。

京料理

大家腦袋中所浮現的第一個印象可能是「懷石料理」，而且也與高級的日本料理聯想在一起。這樣的聯想沒有錯，但其中有更細緻的分別。我在《和食古早味》一書中提到了所謂的「江戸四大食」（握壽司、鰻魚飯、蕎麥麵、天婦羅），以現在東京為主的關東人，一開始都是庶民的料理。

然而，天皇所居住的京都，在典雅的文化薰陶下，飲食文化展現出不一樣的禮儀和文化。目前很多的京都料理庭持續的展現傳統京都的飲食文化，而且受到國際的矚目。

聯合國教科文組織二〇一三年將「和食」列為「世界非物質文化遺產」，四個主要理由為：

1. 多樣化的新鮮食材，珍視食材特有的味道
2. 營養均衡有益於健康的飲食習慣
3. 表現自然之美和四季輪換
4. 與傳統節慶密切結合

從京都的懷石料理的確可以感受到長久的文化饗宴。懷石料理講究「季節感」與「地方特色」，所以在不同的季節，就有不同的體驗。從季節限定的菓子，土地孕育出來的季節（旬）食材，感受對於自然的尊敬，享受大地的恩惠。

「懷石料理」是如何在歷史和文化的變化中，逐漸成為日本高級料理的代名詞，並且和京都連繫在一起呢？

讓我們回到平安時代的餐桌開始看起吧！

起源自中國：大饗料理

《今昔物語集》中有個故事，保延年間（一一三五至一一四一年）有位名叫藤原家成的貴族在崇德天皇的要求下，表現了一手切鯉魚的精湛刀工，由於太過神乎奇技，讓現場觀看的人都驚呆了！

刀工，或是日文所謂的「包丁術」包含魚類和鳥類的切法和擺盤的方式，並且在眾人面前呈現，這樣的料理方式成為日本上流階層料理很重要的飲食文化，後來的生魚片也是繼承這樣的飲食傳統。

保持肉的紋理和組織，並且在刀具的使用下讓肉能保持美好的風味，是日本料理的核心。除此之外，平安時代發展出來的「大饗料理」非常講究擺盤、食用的節奏與順序，還有餐具的擺放方式。《枕草子》中批評建築工人的粗鄙沒有描述他們的食材，而是著重在餐具的使用方式。

「大饗料理」按照貴族的階級分為四種，第一級和第二級的有二十盤，其次是十二道和八道菜。如果說到調味，「大饗料理」的調味很簡單，有些用風乾，有些則是使用刀工的生食，沒有太多複雜的料理方式。調味料分別為醬、鹽、醋、酒，按照食物的需求佐料，後來生魚片旁放醬油的小碟子也是大饗料理的影響。

由於平安朝的很多文化來自中國的影響，「大饗料理」也不例外。器皿的數目不能是奇數，一定要是偶數。筷子和湯匙也要成套，餐食中的糕點也有中國來的油炸糕點，這也是日本油炸料理的起源。

除此之外，「大饗料理」和祭祀所使用的食物也有很大的關係，貴族所吃的食物和奉獻給神的食物沒有多少差距。

日本宮廷一開始的貴族料理，展現了幾個特徵，簡單的烹調方式，講究食物的原味，但採用複雜的餐具和擺盤，還有高超的刀工，這幾項也都成為後來懷石料理的重要部分。

走出自己的路：本膳料理

如果說「大饗料理」是承襲中國風，屬於平安朝皇族的料理。那麼大約起源在十五世紀的「本膳料理」就是由日本武士文化所發展出的料理形式。

日本十四世紀經歷過南北朝的亂世，社會、政治和文化都加以改變。由武士所建立的幕府政權逐漸穩固，並且開始發展精緻的文化，擺脫武人勇武質樸的形象。

由於政權的穩固，交通道路的整備，各地方的物產方便流入京都，各地上貢的珍美食物也開始出現在京都的餐桌上。從《庭訓往來》可以看到「越後的鹹魚、隱岐的鮑魚、周防的鯖魚、淀川的鯉魚、備後酒、和泉醋、若狹椎、宰府的栗子、宇賀的昆布、松前若、夷鮭、築紫米」等眼花撩亂的物產等進到將軍和上層階級的餐桌。

比較特別的是來自「宇賀」的昆布，從北海道而來的昆布在十四世紀以前就有。然而，由於商業的發達，加上政治社會的穩定，日本海沿岸的商船也穩定進出京都的港小濱。

日本料理中經常吃到的獨特「鮮味」，就是從昆布或是鰹魚中所熬煮出的。中世以前的日本料理雖然有注意到昆布和鰹魚兩種食材，但沒有將之熬煮高湯。由於有了「鮮味」，室町將軍的餐桌就有了不同的風味。用火烹煮，並且加入湯菜就成為本膳料理的重要味覺和烹調基礎。

相較於「大饗料理」一次展現出鋪張的氣勢，「本膳料理」則是一道一道上菜，而且每個人還有自己使用的「膳台」。除此之外，相較於中國人喜歡偶數，影響到「大饗料理」上菜的數目，本膳料理則是由「七、五、三」的奇數。

對於日本料理發展極為重要的刀工也在「本膳料理」中發展，成書在十五世紀後期的《四條流庖丁書》和十六世紀初期的《武家調味故實》，前者屬於公家的流派，後者則屬於武家。兩者在禽鳥類和魚的刀工上都十分講究，還有著重實用的方法，以及相關的禮儀，讓「本膳料理」的發展更加完全。

「本膳料理」脫離了中國料理的影響，走出屬於自己的料理文化，發展出一道一道菜的形式，還有加入了屬於日本獨特的味覺，並且在刀工上更加發展。

源自於佛教：精進料理

影響後來懷石料理發展還有一項重要的發展，就是佛教傳入日本。對於飲食最大的改變就是禁止食肉，以素食為主。六七五年，天武天皇詔令禁止僧侶食肉，也只能以簡單的野菜、醋、鹽和醬（後來發展成醬油）等調味。

平安時代中期的重要史料《枕草子》，將僧侶所吃的食物稱作「精進もの」，可能是「精進料理」得名的原因。精進料理得名於佛教的修行，所謂的「八正道」（脫離人生之苦的八法門）：正見、正思維、正語、正業、正命、正精進、正念、正定。精進的目的在於斷惡行、修善行、去除雜念、一心向佛。

精進料理主要是在鎌倉時期（一一八五至一三三三年）發展出的一套飲食規範，形塑出獨特的味覺與調理方式。這一時期的禪院茶禮，與精進料理、懷石料理的形成有很大的關係。

對於精進料理影響最大的人物是道元禪師，他在《赴粥飯法》中指出「吃」的重要性：「法即是食，食即是法……此食乃法喜禪悅之充足處。」禪師的想法很簡單，即生活中的一切都是禪意的體現，因為佛法無外乎生活，日常的實踐都可以是法的展現，例如起床之後的掃除、淨身到排便，都是法的不同面向，而關乎人類營養的飲食，當然也是法的一部分。

禪味，並非無味，而是食物原初的味道，曾任教於佛教大學的藤井宗哲在《淡・究味：日本禪寺典作的精進料理》（禅寺の食卓——宗哲和尚の精進料理）當中指出：

舌頭之所以能純粹、不受汙染的原因，是因為禪堂料理的一切調味都是淡味，而不是一般說的薄味，我的理解是，單單的薄味是指不夠味、少掉了味道。何以說是淡味呢？濃厚的調味會抹殺食材本身的原味，為了讓食材本身所擁有的味道發揮出來，只能淡味；不只是薄味而已，必須讓食材本身所擁有的味道展現出生命力。

精進料理中，幾乎都是蔬菜和豆類製品，經過簡單調理，卻展現出食材本身的濃淡甘甜。我想，能嘗到每一樣菜的原味，其中的真意應該就是禪的具體況味。美味，是感官提升、是豐富的味覺體驗、是文化與人的溝通。透過宗教呈現美味關係是日本料理非常重要的精神之一，特別是「精進料理」和「懷石料理」。

精進料理影響著後來的懷石料理，不浪費，發揮食材本身的味道，也由於只食用當季的蔬菜，所以是相當注重季節感的料理。

集遠東料理之大成：懷石料理

「懷石」一字本來與料理或茶並沒有什麼關係，「懷」乃胸懷之意，將溫熱的石頭藏於衣服之中，為日本禪宗的修行方式之一，主要是為了防止飢餓。之後轉變成輕食，仍具有修行的意味。

將料理與茶連結在一起始自十六世紀茶道大師千利休，喝茶時空腹傷胃，所以茶道的專家也提供一些小點心或是餐點以使人能享受他們的茶。千利休的餐點很簡單，一碗味噌湯和三盤小菜，重點還是在茶本身的飲用與其背後的哲學。

無論是修行者或是千利休的懷石，對於食物的要求都相當的精簡，不講究珍饈美饌。

懷石料理的食材內容逐漸豐富起來還是跟世俗之人有關，日本戰國時代的武家大名們，雖然欣賞千利休的茶道，但豐臣秀吉與織田信長等戰國將軍們每個都是喜好人間榮華富貴之人，故料理的食材也隨之豐富起來。

懷石料理在大名之間雖然採用茶道的形式，但逐漸的走上講究食材的內容。戰國時代和德川幕府時代，將軍拜訪各大名之封地，地方大名為了招待將軍，將最好的當地食材以懷石的形式獻給將軍享用，連盛放食物的器具也相當講究。

除了諸侯等大名競相獻上地方特產，江戶幕府時代的商業繁盛，商人與幕府高官們都是懷石料理的消費者。當時的江戶、大阪、京都、金澤等城市都展現不同的飲食文化。

以東京而言，吉原等遊玩狎妓的場所，財力遽增的豪商與大名在此發展出豪奢的飲食文化，幕府屢次發出戒奢令也無法阻擋奢侈的風氣。東京的懷石料理主要以海味為主的料理，搭配千葉所產的醬油，與關西的醬油相比，關東搭配較為濃厚的醬油。

大阪也是商人聚集的大城市，瀨戶內海豐富的新鮮海產，還有奈良與和泉來的野菜，北前船的昆布等豐富的食材構成大阪的懷石料理。

相較於東京和大阪的商業氣息，日本天皇的帝都則展現了細緻的一面，京都的「公家文化」代表的是優雅的飲食文化傳統，加上由千宗但所復興的千家流茶道的樣式，使得雅致而素樸的懷石料理成為京都特色的懷石料理。

現在京都好的料理亭大多有提供相當出色的懷石料理，我在《和食古早味》（時報出版）一書中提到了「菊乃井」，在下一章當中也可以看到強調刀工的「吉泉」。雖然現在的懷石料理，宗教味已經比較淡薄，但仍可以見到濃濃的儀式感，讓整頓飯吃起來就有一如一場華麗且崇敬的演出。

懷石料理的「京懷石」指的就是以京都地方特色的食材製成的料理。除此之外，講究季節感也是懷石的一項特色之一，將季節的特色由食材表現出來，並且使用相關的器物使得食物與季節的體會融為一體。說道季節感，也得提日本料理中的關鍵字：「旬」。

「旬」飲食：食物最鮮美的滋味

由於禁止肉食，日本料理對於野菜的興趣越來越多。最早的農書《清良記》就載明一年十二個月可以食用到的野菜。每個月、每個季節都有適合的作物，不同的溫度、溼度與土壤，決定野菜的成長狀況與鮮甜程度。

在最適當的時機採摘並且食用，就是所謂的「旬」飲食。

在冷藏技術發明以前，食材選用與當地物產、時令有密切關係，形成日本料理很重要的特色，而且也使日本人也對不同地方的特產感到興趣。江戶時代所留下來的《魚鳥野菜乾物時節記》記載了十二個月的野菜和乾物；十八世紀成書的《日本諸國名物盡》也載明了日本各地的野菜。

千年古都京都，不只保存建築與傳統工藝，在飲食文化上也呈現獨特的一面。相較於江戶飲食採用生氣蓬勃的海鮮，京都的料理則由野菜、豆類和穀類，展現其樸實且優雅的底蘊。

京野菜的特別之處不僅在於新鮮、美味，還在於「傳統」。一九八七年，京都農業研究所定義「京都的傳統蔬菜」（京の伝統野菜）有四十七種，其中較為有名的包括：聖護院蘿蔔、水菜、賀茂茄、堀川牛蒡等。所謂的「傳統」野菜是指明治時代以前的舊有野菜，而且必須是在京都附近生長的品種。

京都長期作為日本的帝都，城市周邊的農家長期以來種植野菜，提供城中居民食用。復興京野菜的運動，不只在提倡「種菜」而已，而是透過近郊的農作物，使居民思考城市與郊區的關係，進而從飲食傳統中尋找靈感，成為料理的實踐者、時令飲食的消費者。

懷石料理的儀式

「始於一酌」是懷石料理上菜前的禮儀。第一道菜通常是「八寸」，類似於前菜。八寸之後的是「先付」和「向付」，一般都是冷盤和生魚片。相較於東京的握壽司採用鮮美的魚貨，以食材決勝負。京都的生魚片則強調刀工的細緻，延續京料理著重刀工的一面。

之後的「蓋物」、「燒物」或是「強肴」則是開始展現「本膳料理」的傳承，湯菜、烤物，一道一道得出來，並且用賞心悅目的容器。強肴在懷石料理是在主菜之外勸客人食用的菜餚，在整套餐點之中帶點推波助瀾的感覺。

強肴之後就是米飯了，懷石料理即使是一般的白米飯也有匠心獨具之處。有時會以京都特產的野菜炊煮，像我吃過以、椎茸、玉子、海苔、蘿蔔、人蔘和柚子等「京野菜」一起炊煮而成的飯，展現出京都土地濃厚的味道。

承襲著茶道的精神，最後還會砌上一杯抹茶，「終於一茶」，結束了一場禮儀的文化盛宴。

「京料理」承襲著京都千百年的歷史，從大饗料理、本膳料理、精進料理到集大成的懷石料理。根著於京都的土地，注重季節感和儀式性，從食材、器物、空間到禮儀，無一處無學問，無一處不展現京都文化和歷史。從飲食走進京都的時空長廊，一起體會古都的味覺與美學。

刀工的極致：京懷石 吉泉

日本料理有所謂的「一味、二盛り、三包丁」，第一是味道、第二是盛放方式、第三是刀工。刀工不是切東西，而是庖丁之術，一種神乎其技的能力，透過修練與精進美學的技巧而來。

庖丁之術

「庖丁」術不只是一種能力，在日本料理中甚至是一種禮儀，牽涉到宗教的儀式。神社祭典中還有所謂的「庖丁」術，穿著烏帽子、狩衣，以恭敬垂直的姿勢拿著刀和筷子執行儀式。

庖丁術有不同的流派，隨著時代的發展，形成複雜的儀式，每一派都有不同的師承、服裝、技法……等。本來服務於皇家的庖丁術，在江戶時代由於經濟的發達，也有一些服務於將軍和諸侯。加上食物取材的範圍變廣，庖丁術的技法也越來越完善。

以服務上層階級為主的庖丁術，主要的客群是皇室、公卿、武家。隨著上層階級在明治維新之後的減少，不少庖丁術的流派也消失，主要是因為沒有人聘請他們。傳承已久的生間流在明治十四年桂宮去世後，家裡沒有人傳承他的衣缽，之後主要是他的弟子繼承。

新時代的庖丁術不是服務公卿階層，主要是服務於餐廳，保存和繼承以往的刀工，特別是在京都的料理亭中，生間流的傳人就是吉泉的主人谷河吉巳。

五十年的料理生涯

類似所有日本的職人，從小就立定自己的志向。九歲開始學習廚藝的谷河，十五歲到京都的料理亭正式入行。京料理不只是一種料理，甚至是一種藝術形式、一種具有儀式般的飲食文化。所以，谷河除了學習廚藝外，也學習書法、繪畫、插花和禮儀。

谷河入行超過五十年，在廚藝這條路上，透過自己的努力和天分得到世界的認可。他並非出身名店的繼承人，三十一歲那年，借了大筆的錢，在京都的北邊下鴨神社附近，一座稱為「糺之林（糺の森）」的原始森林旁，開始吉泉的創業之路。下鴨神社這附近除了舉行祭典的時候才有較多的觀光客，平日是很寧靜的街區。

相較於人來人往的祇園，或是東山邊的高級料理亭，谷河選擇在此開店或多或少象徵了他的美學，不是譁眾取寵的料理、也沒有華麗的門面，谷河的京料理是一種沉潛寧靜的韻味。

料理鐵人一舉成名

開店十幾年，谷河在京都的料理界並不算有名，直到一九九九年有機會上最為熱門的料理節目：「料理鐵人。」當時作為挑戰者的谷河吉巳和衛冕者「和食鐵人」森本正治對決，用「海鰻」（鱧；ハモ）做出京料理的風韻和味道。

「海鰻」是京料理師傅經常使用的魚類，其中又以瀨戶內海捕獲的最好。但是海鰻的皮軟肉又滑，加上小刺非常多，所以是非常考驗刀工的魚類。京料理界有

圖1

吉泉的京料理（胡川安拍攝）。

圖2

吉泉的京料理（胡川安拍攝）。

所謂的「一寸につき二十六筋」，就是三公分的範圍內切二十六刀，讓魚刺可以直接入口，而且刀工精良的師傅可以讓魚肉的口感更加豐富。

谷河吉巳和森本正治的對決，現場的所有評審都投給谷河，完勝了這場比賽。由於森本在北美開設壽司店，在國外也小有名氣，谷河的這一仗除了讓日本的觀眾看到，也在世界的料理界一戰成名。

當米其林開始評鑑日本關西的餐廳後，長期都給吉泉兩顆星的評價，二〇一四年米其林給吉泉三顆星的殊榮，讓谷河名列世界最好的廚師之一。

京料理的美學和儀式

對於京都的餐廳，我還算有點經驗，以往有時到不錯的料理亭用餐，料理俐落大方、從容自在，也能感受到懷石料理的季節感。但對我來說，還有一點不滿足，就是美學和儀式的層面。熊倉功夫曾經說過：

日本的的飲食文化總是蘊藏的精神論，應該是受到禪宗清規的影響，反過來說，不管是喝茶還是用餐，日本人的精神並不會只追求味道的精緻，還會與人類的生活方式相呼應，藉以提高「道」。

如果只看這段話，不容易理解，但從吉泉的空間、氣氛、擺設和料理就可以略知一二了。

吉泉接待的服務生每個都宛如僧侶一般，不僅理平頭，還穿著道服。男客人進入自己的包廂時不是用走的，而是半蹲且爬進去的。懷石料理的原點是茶室的餐點，所以吉泉模仿茶室。茶道在武野紹鷗的改良下，將茶室建造成一個封閉的空間，茶室的入口只有六十公分，像是一個小洞。

由於空間小，一開始的時候，賓客們會覺得有點拘束，甚至不自在，但當茶湯和餐點上來之後，關注的焦點就在飲食，注意力會集中在料理本身。

懷石料理一開始的「酒一獻」，奉上一杯酒。

「先付」以胡麻豆腐配上海膽的冷盤，料理即將開始。一開始的椀物，將蓋子一打開，充滿季節的香氣隨之而來。我在六月底造訪，季節的味道就是青柚子，搭配昆布和鰹魚所熬煮的湯，讓梅雨季的潮氣一掃而空。

接著的「向付」則是時令的野菜搭配季節的魚類，像是山葵、茗荷、穗紫蘇、春蘭……等。野菜放在一艘竹編的小船中，撒上幾滴水，有如在溪中的清涼感。

圖3

吉泉的京料理（胡川安拍攝）。

圖4

吉泉的京料理（胡川安拍攝）。

吉泉的生魚片讓我驚艷的不是肉質，而是刀工。擅長切海鰻的師傅來處理鮪魚，感覺肉質更為的飽滿扎實，卻又入口即化。感覺師傅已經十分熟稔魚肉的紋理，才能夠將肉質處理得如此出神入化。

接下來的鳳梨和牛，鳳梨下面的石頭仍處於高溫，略帶血色的和牛在鳳梨上逐漸地接近五分熟，透過鳳梨的香味和酸味來解牛肉的油膩，還可以帶出彼此的甜味，相得益彰。

一張一弛，而且冷與熱、山與海的食材交替，在餐桌上盡情的搭配著。享受了和牛之後就是白飯了，懷石料理最後的關鍵就是白飯。吉泉在梅雨季的潮濕時節端上的是稀飯，並且以季節的時蔬搭配魚卵，讓胃口更開。

以往吃菊乃井時，十分的驚艷，但這次吉泉的味道讓我覺得更加深奧，有種寧靜致遠的深意，並且餘韻無窮。加上室內的畫卷、擺飾和插花都是谷河本人的作品，不僅吃進廚師的好味道，也欣賞他對於美學的體悟和哲學的層次。

京菓子：和菓子藝術的大成

和菓子除了是一種甜食，也是文化的結晶，不只可以吃、還可以賞、可以品、可以風花雪月，是日本之美的凝聚。「菓子」文化並非一蹴可及，和茶道的文化相互影響，成為一套禮儀和品味的象徵。

別腹：另外一個胃

日文的「別腹」（べつばら）望文生義指的就是另一個肚子，俗話的意思就是明明已經吃飽了，但看到甜點就又食欲大開，彷彿有另外一個肚子。

在中文的俗話中，也常說「另一個胃」，不知是否是從日文而來，還是對於甜點的需求四海皆然。或許是文化上的差異，雖然中式飲食當中也有不少甜品，但感覺上男性對於甜點的渴望似乎較低。故在俗語中大部的說法都是女人有兩個

圖5

和菓子（圖片來源：flickr）。

圖6

和菓子（圖片來源：flickr）。

胃，一個是正餐，另外一個則是甜品。

但在日本的飲食中，甜點的文化似乎是全民運動。西式的洋菓子似乎較受女性歡迎，而日式的和菓子則是男女都喜歡。

和菓子的傳統相當久遠，是日式飲食文化重要的一環，和飲茶的習慣密切相關。喝不同的茶，搭配不同的菓子，季節不同，也會有不同的搭配，色澤、造型和甜度都會按造四季的變化而調整。

在瞭解京菓子前，我們先瞭解一下和菓子發展密不可分的茶道。

茶道的發展

茶從中國東傳日本是眾所周知的事，然而日本人發展出獨特的茶道儀式和禮節，甚至影響日本料理的發展，像是精進料理是從禪院的茶禮所發展而來，懷石料理也和茶道脫離不了關係。在茶道發展上居重要地位的僧侶珠光，隨著一休宗純潛心修行，並將茶與禪修合為一體，確立了「侘茶」的重要觀念。

後來的武野紹鷗則將茶道的觀念加以推行，讓更多人得以理解，強調「心」在飲食和茶道中的想法。然而，不管是珠光或是武野紹鷗，茶會中的茶仍然只是次要的角色，之後的宴飲、料理才是重點。讓茶道的「茶」從料理中獨立出來的是千利休，將「侘茶」的內容與精神確立出來，在茶道的儀式中，從質樸簡約中理解禪學的意境。

雖然現在的茶道都會說到「侘茶」，但回到當時，千利休和其流派只在僧侶和知識分子間流傳，並不普及；同時還有所謂的大名茶，不同於簡約的千家茶，大名茶在諸侯間流傳，強調豪華的料理和精緻的茶具、餐具。除此之外，在宮中貴族間還有自己的茶道。

茶道的和菓子之間的發展是分不開的，不管是那種流派和階層的茶道，都得搭配菓子。千利休的「千家茶」和大名茶的菓子也不同，前者強調質樸的菓子，像是一般常見的羊羹、栗餅、葛餅或是饅頭等，風花雪月的菓子、或是太過華美的菓子也不行，必須使用自然的素材才是明心見性、悟道的法門。

江戶時代高級和菓子的文化在元祿時代最為興盛，此時已經與千利休時代已經不同了。茶道不只上層的人可以欣賞，新興的商人階層已可以接受，促進了茶道的普及，也推動了高級菓子的流通。

圖7

和菓子模型（圖片來源：flickr）。

上菓子、京菓子與雜菓子

菓子和茶道之間的關係，在京都發展得最為典雅細緻，作為茶道的點心，伴隨著京都東山文化的發展，包含短歌、俳句等藝術文化的形成都與和菓子有關，菓子不只是菓子，還包含藝術的鑑賞、意匠凝鍊的隱喻。甚至能成為「京菓子」的店家還有嚴格的限制，共二百四十八家，在價格和砂糖的品管上，都有相關的規定。

當時還有所謂的「上菓子」，是獻上的菓子的意思、獻給公家和大名的菓子，與「雜菓子」相對而言。京都和大阪在江戶時代前期仍然是文化的中心，飲食也較為的講究。天皇所在的京都，每年要舉行的儀式和典禮相當多，所以要獻上禮物的時間也很多，菓子就成為考究的禮物之一，做工細緻，且具有文化意涵的「上菓子」在貴族公卿間相互贈答。

上層階級彼此贈送的禮物當然不能馬虎，也不能夠太過簡單，從設計到品嘗的每一步驟都得講究，設計的靈感或者從季節當中尋找，像是春櫻、秋風、冬雪、夏之星空，抑或是古典文學當中的花鳥風月等典故，在「虎屋」的《繪圖帳》還可以看到當初菓子設計的概念。

飲食表現城市的風格，菓子文化也呈現出城市的性格，菓子文化進入江戶後，也帶有江戶的風尚。相較於上菓子具有藝術的氣質，雜菓子則是在江戶的庶民文化下展現出來的飲食特色。

方便購買的菓子目錄

江戶時代的菓子屋到處都是，但是「上菓子」主要是貴族和大名在享受，一般庶民可以到街上去買，這些人就深居簡出，他們要如何知道菓子的種類呢？

我們可以從當時的菓子目錄來看，元祿時期（一六八八至一七〇三年）算是近世日本文化最為燦爛的時代，大量的料理書和百科全書刊行，像是《和漢精進料理抄》、《本朝食鑑》……等，其中和菓子有關係的便是《男重宝記》、《御菓子之畫圖》和《茶湯獻立指南》。

《茶湯獻立指南》具體的寫下了菓子的內容，這本書的讀者主要以上級的武家為對象，從卷四到卷七具體的說明隨著四季的轉換，展現出的料理和調理方式也要有所差異，其中還記載菓子的名稱與作法。濃茶、薄茶、煎茶，不同的茶各有不同的菓子搭配，菓子的名稱不少的從文學典故而來，像是「花紅葉」、「若紫」、「星月夜」……等。

看名字或許不知所以然，有沒有圖片可以參考呢？現在流行說沒圖沒真相，即使菓子的名字悅耳動人，也不知道他長得是圓的扁的，幸好在江戶時代的菓子目錄其中附有彩色的圖片。

《男重宝記》提到蒸菓子共有兩百種，也載明了製作方式，還有干菓子、餅菓子、羊羹和南蠻菓子等。有趣的是，《男重宝記》是給男性閱讀的書，而且還是一種禮儀和文化養成的書，有點像是現在的《西餐禮儀》，怕不懂禮節而丟臉的教養書。當時的甜食對於男性而言不只是食物，還是宴飲、宗教儀式上的社交食物。如果在社交場合上用錯羊羹、或是其他的甜食，是會被嘲笑且鄙視的。

除了《男重宝記》以外，現在還可以見到流傳下來的菓子目錄，虎屋的最為詳細，而且是最能表現「上菓子」特色的店家。

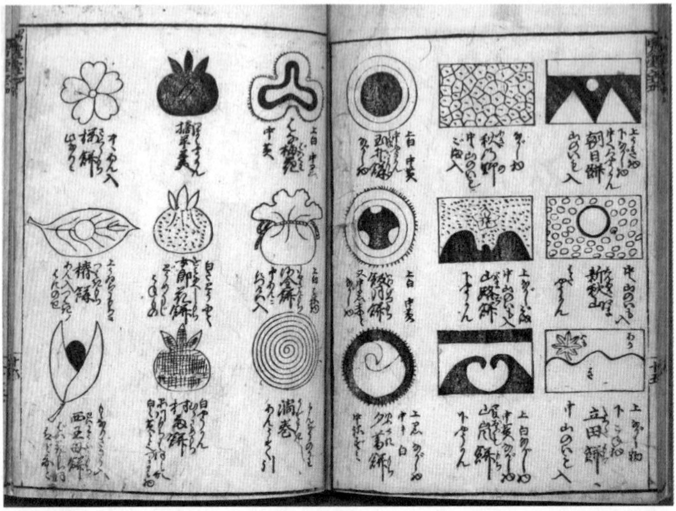

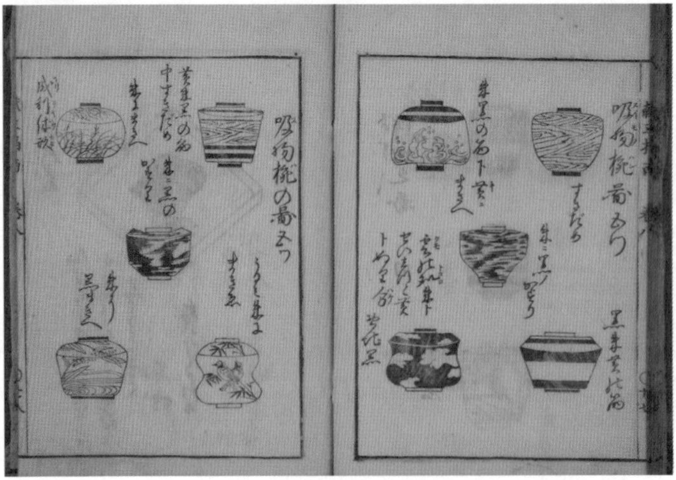

圖8

重宝記（圖片來源：筑波大学附屬圖書館）。

圖9

茶湯獻立指南（圖片來源：早稲田大學圖書館）。

虎屋的相關資料可以從古文書中加以理解，江戶時代留下來的古文書約一千件左右，主要為御用紀錄，其中也包含天皇所享用的菓子紀錄，目前所看到的御用菓子屋有四家，分別是：二口屋、虎屋、桔梗屋、橘屋。由於大部分的文書已經佚失，只有「虎屋黑川家文書」最為詳盡，也成為和菓子的重要史料。

從虎屋的《御菓子之畫圖》可以看到當時和菓子的創作，可以分為：植物、動物、自然現象、風景等項目，而這些圖案的泉源是從《古今和歌集》中吟詠的文學景色所發想出來的，名稱相當詩意，像是「箸錦」、「雲の朝」、「薄冰」、「長月」、「遲櫻」、「花紅葉」、「若紫」…等。或是由某處的風景所產生的靈感，像是楓葉的名所立田而創作出的「立田餅」，也有從中國傳說中的西王母加以發想，創作出不老壽桃的桃型菓子「西王母」。

上菓子的特色之一在於「菓銘」，具體的寫出菓子匠人們的感性與文學造詣，這樣的趣向又與茶道、香道等文化人之間的旨趣相合，創作菓子的不只是匠人，而是受到尊重，具有造詣的「意匠」。

除此之外，同時代的和服印染、刺繡等染織技術的圖形也影響著和菓子的創作，怎麼說呢？

元祿時代的友禪印染流行的手描友禪，即是所謂的「宮崎友禪」，將豐富的色彩、優美的圖案繪製在衣服上，印製在和服上的圖案靈感有些源自《伊勢物語》或是《源氏物語》和古典的和歌，這也影響了「和菓子」的創作，像是「井出之里」或是「袖之香」等。除此之外，從安土桃山時代到江戶時代的重要畫師，像是俵屋宗達、尾形光琳或是酒井抱一的美學和畫作也或多或少的影響了菓子的創作。

與和菓子發展密不可分的砂糖，其細緻的程度也關係到和菓子的優劣，其中又以「讚岐」的「和三盆」糖為最。日本人為了取得和菓子的原料，可以說是煞費苦心。

砂糖與和菓子

和菓子當中需要大量的砂糖，日本的砂糖本由僧人帶進日本。但砂糖以往是貴族才使用得起的物品，從奈良時代到平安時代大部分都當成藥物使用，直到江戶時代初期，砂糖的價錢仍然相當高，一般平民還是消費不起。

江戶時代日本向外輸出大量的銀、生絲，砂糖則是輸入品，從長崎由荷蘭和中國輸入，當時每年輸入的量超過一千五百噸，主要都是荷蘭人從台灣帶入的。

由於大量砂糖的輸入會造成貿易上的不平衡，讓幕府開始鼓勵國產砂糖的種植。八代將軍德川宗吉最為積極，從琉球取得黑糖的苗嘗試在江戶城當中種植，但是江戶太冷，並不適合黑糖的生長。不過，由於幕府的鼓勵，全國各地也開始試種，終於試出高級和菓子中最重要的「和三盆」。

高松藩是將軍的親戚，對於將軍的政策最為支持，而且四國的讚岐（也是烏龍麵的故鄉喔！）相較日本本州而言，天氣較為溫暖濕熱，可以嘗試種植砂糖。當時高松藩中的醫生（砂糖在當時還是醫療用品）特地前往九州南方學習砂糖的植栽方式，在途中還病倒，歷經千辛萬苦在讚岐植栽了砂糖。

從德川宗吉推廣砂糖的種植，到讚岐成功的製糖，花了將近六十年的時間。日本透過清酒的壓榨法，自己摸索製糖的方式，「和三盆」指的是將砂糖揉磨三次，因此製出的糖相當細緻，帶著讚岐的風土，顏色淡黃，且具有香氣。

由於江戶時代日本各地的聯繫主要靠海運，可以將讚岐出產的砂糖運至江戶和京都，細緻典雅的「和三盆」從此成為高級和菓子當中不可或缺的原料。並不是所有的和菓子都使用「和三盆」這種高級砂糖，一般便宜的雜菓子則是使用純度較低的黑砂糖。

由於砂糖在日本國內流通的普及，加上商業經濟的發達，菓子書也大為地流行，像是《古今名物御前菓子圖式》發行，這本書還有菓子的斷面圖，讓讀者可以清楚其中的樣子。菓子的目錄從江戶中期開始使用，到江戶後期使用的頻率相當高。從十八世紀初期到十九世紀中期，虎屋的甜點種類從一百六十二種增加到三百二十二種。

菓子的文化具體的表現元祿時代活潑的藝術精神，再加上同時代的茶道、香道、花道……等藝術發展，彼此之間的技術和創意精神相互鼓勵、琢磨，成為藝術文化的一部分。

當我從飲食文化的特殊性加以思考的時候，發現菓子這種吃下去就消失不見的東西，但是菓子的匠人們卻花極大的心思，將文學、藝術的精神鎔鑄於其中，在世界的飲食史上很少看到其他的例子。

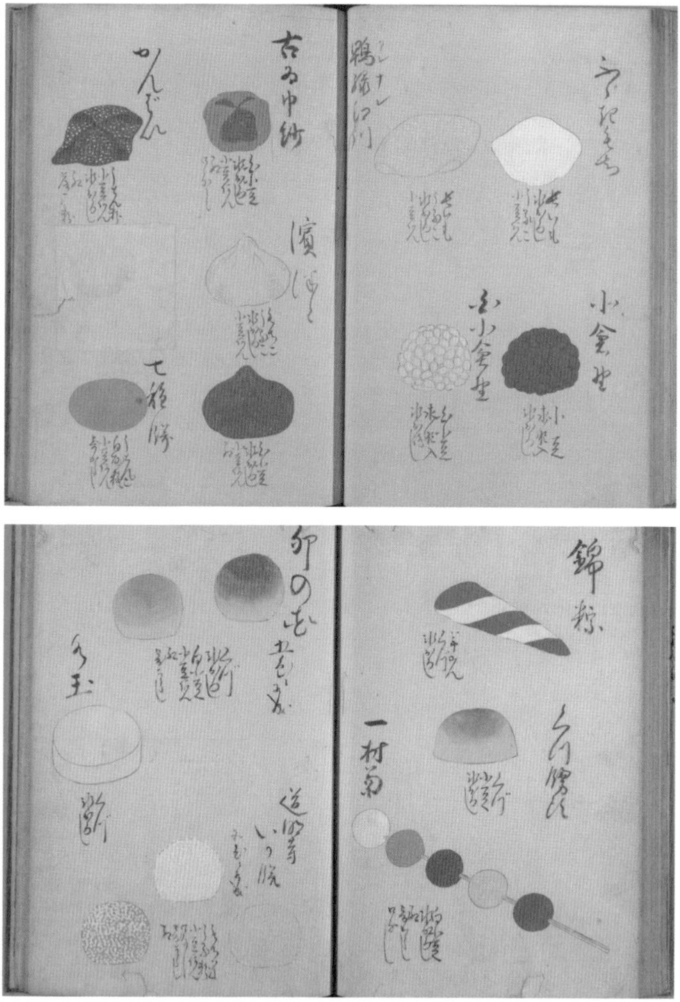

圖10

御菓子雛型（圖片來源：國立國會圖書館）。

京都的茶：辻利、抹茶、煎茶與一保堂

源於中國的茶道，到日本發展成為一種新的文化、哲學和理解世界的思想方式。從抹茶到煎茶，背後都有一種簡單、樸實和消融群己界線的意味，拋卻儀式，在一杯茶中感受到禪意。

台灣與京都的距離

抹茶很容易跟京都聯想在一起，但很難跟台灣聯想在一起。台灣人到京都祇園常去買的辻利茶鋪，和台灣竟然有關係。

一八九九年，日本剛統治台灣後的四年，有一個京都茶鋪老闆的二代從神戶上船，開始了他在台灣長期的生活。他的名字是三好德三郎，出生在日本的茶鄉宇治。年輕時的三好德三郎正面臨日本從傳統走向現代的時期，明治維新讓很多以前的工作都不見了。

幕府時代，宇治的茶師不用擔心生計問題。他們負責打點獻給將軍的幕府御用茶，還有獻給朝廷貴族的御用茶，同時也會給全國的諸侯大名。然而，明治維新後，茶師隨著武士階級一起沒落，一般民眾尚未培養起喝茶的習慣。三好德三郎從小在茶鄉長大，本來想要重振當地的經濟。聰明的他提出很多想法，但當地長輩還有傳統的壓力仍大，讓他遠走他鄉，想到外面闖闖。

外出的德三郎遇到很多貴人，後來輾轉來到台灣。一八九九年五月德三郎在台北開設了「辻利兵衛」的分店，他在宇治的家就是的辻利兵衛本店。由於德三郎認識不少當時日本的統治高層，開幕當天總督兒玉源太郎，還有民政長官後藤新平都到場，堪稱台北社交界的盛事。

三好德三郎除了在台灣推廣宇治的抹茶，也積極地將台灣的烏龍茶推廣到日本。台北辻利兵衛就在今天的重慶南路，只是如今賣起了星巴克。

源自中國的抹茶

辻利兵衛是京都抹茶文化在明治維新之後，透過新的品牌包裝，在新的時代展現出日本品茗文化的代表。三好德三郎的後人回到京都後，繼續讓抹茶在新的時代中展現出活力，向是知名的「茶寮都路里」，讓抹茶加進不少的甜食，使抹茶成為日本平民下午茶不可或缺的一步分。

然而，說起抹茶的文化，一開始並不是在日本，而是從中國而來。起源於隋代的抹茶，到唐宋時期發展的更加精緻。尤其在宋代的時候，寺院更是抹茶文化的高峰。

日本的「抹茶」和粉末有關，指的是茶粉的意思。宋代的人所謂的「點茶」也是將茶碾磨成粉末後，用篩羅篩出最為細膩的茶粉，接著用沸水充點，再以茶筅快速擊打，要讓茶與水能夠充分融合，最後出現白色的茶沫。宋代的「點茶」發展出很多的學問，要掌握水溫、擊打的方式，而且盛放的器具，還有飲茶的儀式都有背後的意涵。

從日本到宋朝留學的榮西禪師，不僅赴宋學習禪法，還將茶道帶回日本。茶在日本早期已經傳入，但並不盛行。榮西從中國將茶種帶回中國，到了九州時，先種植於筑前的背振山和博多的聖福寺。到了京都栽種於拇尾，後分植於宇治，讓茶逐漸在日本傳播開來。

榮西之所以修習佛法，同時習茶道的原因在於宋代的寺院流行此道。禪林中將茶道的禮儀變成習法的一環，有「茶禪一味」的說法。榮西回國後在博多的聖福寺、京都的建仁寺和鎌倉的壽福寺等地建立吃茶的風氣。

對於日本茶道非常重要的就是榮西所寫的《吃茶養生記》，讓吃茶不僅變成佛法的一部分，也進入日本上層階級的日常養生。《吃茶養生記》一開始說道：「茶也，末代養生之仙藥，人倫延齡之妙術也。」榮西曾經在將軍得熱病時獻上二月茶，治癒了疾病，讓茶道在武士階層接流傳開來。

由於榮西一開始將帶回來的茶栽植在京都的拇尾，所以當地的茶稱為「本茶」，別的地方就叫「非茶」，以「本茶」為尊。除了拇尾的茶以外，醍醐、宇治、仁和的茶也都不錯。現在拇尾已經看不到茶園，宇治則維持很久的製茶傳統。

榮西傳進了中國的茶道，並且在將軍和武士中流行開來。然而，武士畢竟是俗人，要展現出奢華的感覺，而且學習宋朝的鬥茶風氣，不僅茶葉的品質要好，還要有來自中國的茶具才算豪華。除此之外，紛紛建立起豪華的茶室，讓茶道失去了本來的初心。

侘茶

村田珠光發展出「侘茶」，取其中幽靜的意涵，並且認為「謹、敬、清、寂」為其內涵。拋卻奢華的裝飾，讓茶道回歸到人的內心，自然莊敬的心，才能理解其中的禪意。村田珠光將「侘茶」傳至了武野紹鷗，然後由發揚光大的千利休繼承。

千利休不再崇尚中國來的器物，採用「和物」，完成了茶道的本土化。他讓茶道在紛亂的戰國時代成為武將們修心的場所，亂世靜謐的所在。利休對於茶道的改革是全方面的，器物、建築、花草樹木、書畫、飲食、禮儀都融入茶道。「坐亦禪、行亦禪」，一舉一動，茶道的每個細節、每個器物，所見、所聞、所思都曾為茶道的一部分。

茶道成為一種新的文化、藝術和理解世界的思想方式。

千利休侍奉豊臣秀吉約莫十年的時間，同時也讓茶道的生活方式和文化深嵌在日本的飲食、美學、藝術和哲學中。然而，也因為千利休的哲學並不是每個人都懂，所以又興起了煎茶的文化。

「煎茶道」又是什麼呢？

要瞭解煎茶，一定要先瞭解売茶翁，我們先來讀一首他的偈：

夢幻生涯夢幻居，了知幻化絕親疏，貧榮萬乘猶無足，退步一瓢還有餘。
無事心頭情自寂，無心事上境都如，吾儕苟得體斯意，廓落胸襟同太虛。

這是売茶翁所作的偈。俗人如我，簡單的翻譯即是人生宛如夢幻，有如生活在夢中，當瞭解一切的不真實，才能超脫我執，超越自我與他人的界線。如果追隨貪欲名聲，即使富有了也無法滿足；但是如果能退一步，一瓢飲即足夠。當心頭無事，情緒自然就能平息。當心無罣礙，在各種情境中都能發現事物的本質。如果每個人都能體悟，心境將會純淨，如同太虛一班。

売茶翁何許人也，在近世日本歷史中，売茶翁是傳播日本的煎茶沖泡方式、內涵以及哲學的重要人物。

売茶翁並非專職賣茶，他不是商人也不是採茶工人，而是得道高僧，是「煎茶

圖11

日本茶道（圖片來源：flicker）。

道」的第一位宗師，同時也是日本黃檗宗的禪宗宗師。

源自中國明代的「煎茶道」會在日本流行的原因或多或少是對於千利休茶道的一種不滿。茶道本來作為一種賓客之間相處的哲學，在千利休之後，其弟子分為不同的派別，因為對於宗師的詮釋各有不同，別立山頭，彼此之間相互爭論。而且茶道也從本來的消融界線的禪宗內涵，成為了具有繁瑣細節的儀式。賣茶翁的煎茶道則帶有一種簡單、樸實和消融群己界線的意味，拋卻儀式，在一杯茶中感受到禪意。

一保堂

但在一般日本人的心目中，煎茶似乎比起抹茶，更被一般大眾視為日常的飲品。造訪京都時總會在各式各樣的角落見到茶店，很多都是數代相傳的老店，有些僅此一家，別無分號；有些則是能隨著時代的變遷，改變其行銷策略，不變的是其茶葉的品質。

在骨董店林立的京都二条附近，許多年代久遠的老舖都在這裡度過悠久的歲月。一保堂的本店也在這條靜謐的路上，木造的房子，暖簾覆蓋於門前，其中陳列著漆黑的茶壺與茶罐，以毛筆書寫下茶葉的種類與價格。

創業超過二百八十年，出身近江的渡邊伊兵衛，在寺町二条經營茶和茶器店。本來名稱為「近江屋」，後來受京都的親王受賜名號「一保堂」，乃一心保茶之意。

一保堂出身京都，所經營的也是京都附近所產的茶，像是抹茶、玉露、煎茶、番茶。雖然煎茶主要由中國傳入日本，但當它在日本社會與文化當中流傳開來之後，搭配當地的風土，逐漸地生產出屬於自身風味的茶。玉露作為一種高級煎茶，說明了日本社會對於煎茶文化的再創造。

玉露的培植方法特別之處在於採收二十天前以棚架覆蓋，減低陽光照射，茶葉更加變得翠綠，其中的丹寧減少，降少澀味，增加甘味。在日本於京都的宇治、福岡的八女和靜岡的岡部生產。

對於日本茶，我較為中意的是煎茶，這是較為親近一般人的茶款。抹茶，想到其背後的意涵，或許覺得自己還無法領略。原來這並不是身為外國人才有的感覺，書寫《喜樂京都》的作者壽岳章子談到抹茶時，說到對於「利休以來茶道為人詬病之處頗有反感，因此並無太大興致進入那個世界」，或許多少厭惡其繁文縟節吧！

而煎茶呢？雖然沒有繁文縟節，但泡茶的步驟仍需遵守，壽岳章子憶起父親泡茶的方式：

他總是慢條斯理、小心翼翼。泡煎茶的時候，他會先燙一燙杯，待熱水到達適溫時，再用手捏得滿滿一搓茶葉，柔柔的燙開，然後靜靜地一一注入杯中。這功夫大約要花三十分鐘左右。

這樣的泡法不是急性子的人做得來的，茶如其人，茶中的濃淡甘苦是瞭解性情的方法。對於壽岳章子的父親而言，或許泡茶是一天休息的時刻，在緩慢的同時，靜下心，看著舒展的茶葉，為家人與客人獻上一杯茶，何嘗不是一種儀式呢？

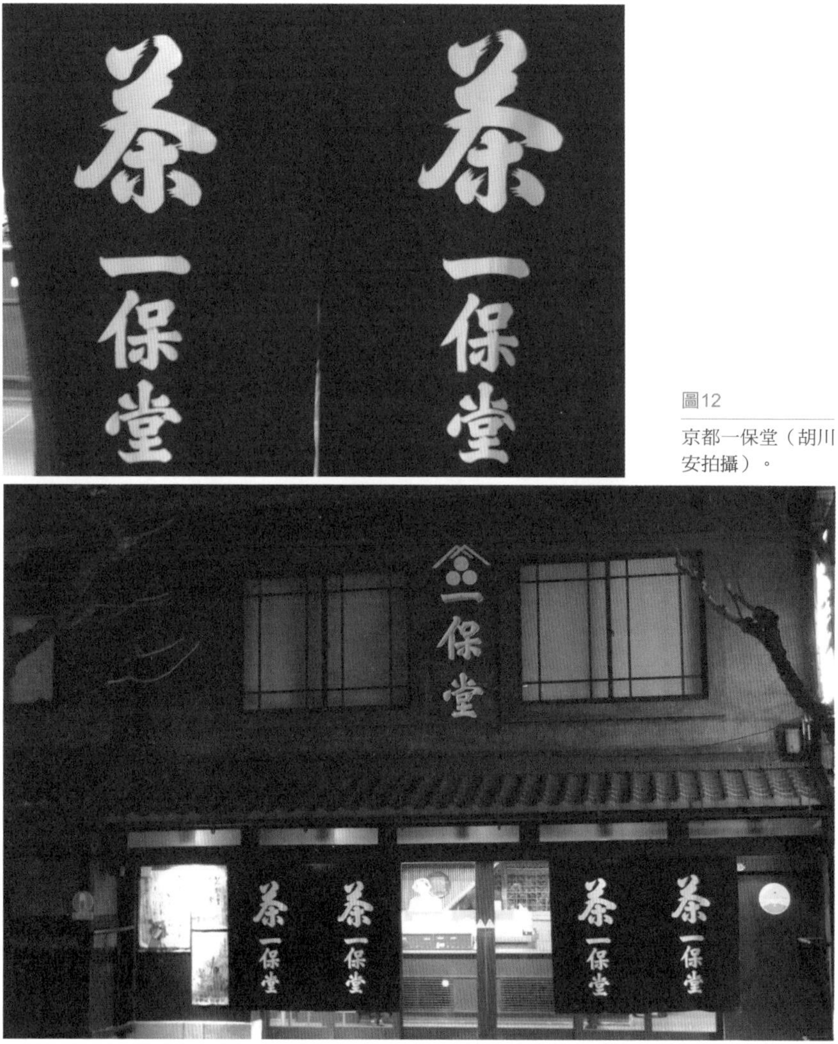

圖12

京都一保堂（胡川安拍攝）。

京都的市場：錦市場

瞭解一個城市的飲食習慣，最好的地方就是市場，尤其是傳統的市場。錦市場的繁榮超過四百年，其繁盛正是源自於對新鮮魚貨的要求。

最接地氣的庶民場所

我在北美住過一段時間，那裡很難看到所謂的「傳統」市場。市場已經被連鎖的集團壟斷，透過中央廚房的處理，使得經濟規模擴大，降低成本。只有在少數的地方，在大型的商業機制下還存在著一些獨立小農、有機栽培，或是傳統的栽植與畜養方式。

日本大多數的地方也是由超級市場所壟斷，連鎖經營的方式還是較為符合現代經濟的需求。然而，傳統的飲食習慣和購物場所，在都市之中還是強固的保持著，京都的錦市場就是其中之一。

源自於「町眾」的日本傳統市場

錦市場的繁榮超過四百年，和京都「町眾」發展起來的時間差不多，所謂的「町眾」指的是戰國時代因為戰亂，由鄰里的庶民自覺發展起來的組織。本來是為了自治的目的而崛起的共同體，即使到了江戶時代仍然成為重要的傳統。

每個町在自治的過程，逐漸發展出自身的特色，有些町帶有商業區的特色，「饅頭屋町」不歡迎和自身不相符的行業進駐，「蛸藥師町」也是如此。由町眾自行發起的組織，形成了京都的特色，也展現特有的庶民風格。

超過四百年的歷史，錦市場的繁盛源自於對新鮮魚貨的要求。京都並不靠海，然而日本不管是濱海或是內陸的人，對於魚的需求都相當大。會選擇在錦市場開設魚貨店的原因在於地下水的豐沛。冷凍庫發達以前的時代，魚的保鮮端賴地下水所具的冷藏功能。之後在德川幕府時代，開始販賣生鮮蔬果，以及最具京都特色的醃漬物。

圖13

京野菜（胡川安拍攝）。

圖14

目不暇給的京都庶民料理（胡川安拍攝）。

搖身一變成為觀光名所

昭和年間所開闢的京都市中央卸売市場，使得有「京都廚房」的錦市場黯然失色。作為一個時代淘洗的見證，錦市場還是存在京都最為繁華的地方。在三条與四条之間。從烏丸通轉進不久，一條長約四百公尺的小路，兩排的店家超過百間，直到尾端的錦天滿宮。

目前的錦市場或許除了供應周邊的居民日常的食物，還帶有觀光的味道。然而，作為京都農產品的櫥窗還是相當稱職。即使在現代化的過程中，由於日本的工業都集中在沿海，京都的周邊還是保留著相當多的農家。

大名鼎鼎京野菜

京都市周邊大部分的農家都栽植蔬菜與花卉，農家所種植的就是聞名日本的「京野菜」。京野菜在江戶時代就相當出名，透過水路千里迢迢的送到東京。即使在現在，東京有名的料理店，有時還會強調自己使用「京野菜」。

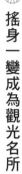

京都的蔬菜自古以來就以品質好聞名，錦市場也是野菜的重要販賣地，像是京竹筍、聖護院蘿蔔、崛川牛蒡、賀茂茄子、九条蔥等。

而醬菜其實就是面對冬天來臨，主婦們在寒冷季節享用蔬菜的方法。京都的醬菜店之多，幾乎每一個町區都有醬菜店，在錦市場中也是重要的產品。其中桝俉的漬物最有名，按照季節的不同，十二月都有不同的醬菜。依節氣、旬之況味，感受季節。

除此之外，像是鰻魚、佃煮、蒲鉾、干物、菓子和豆腐等各式各樣的食物，琳瑯滿目、目不暇給。似乎不管幾次遊京都，我總會想到錦市場走一走，因為不同的季節就會有不同的食材。在這裡可以邊走邊吃，天婦羅、章魚、醬菜，每一種都吃點，走走看看，不知不覺就走到了盡頭的錦天滿宮。

圖15

錦天滿宮（圖片來源：flicker）。

結語 世界的古都

我喜歡在京都鐵道博物館看著京都車站，東海道新幹線時常會絕塵而去，呼嘯而過。白色的外皮，有如子彈一般，象徵現代的迅速、快捷和便利，背後則襯托著東寺的五重塔。遠一點望去則是圍繞京都的群山，其中有上百座古剎，每一座都有著說不盡的故事。

傳統與現在，如此的接近。

其實京都的一切都不容易，古都的優雅除了天生麗質以外，也是世世代代京都人耕耘出來的。當平安京走進一千一百年的時候，京都剛面臨天皇東遷的困境，所有的產業、文化都因為大量的貴族階級搬遷而蕭條。京都人想到的辦法是把京都從「天皇的京都」轉變為「日本人的京都」，讓所有日本人都能感受到京都文化之美。紀念平安京一千一百年的具體成果就是平安神宮還有時代祭，並且讓京都成為一個大型的博物館。

平安神宮讓古都找到自身的定位，古都渡過了沒有天皇的冬天，在歷史的長河之中，走向未來。一九九五年，京都盛大慶祝平安京建都一千兩百年，重新建造了京都車站，作為平安京遷都一千兩百週年的紀念。以七九五年桓武天皇從奈良遷都開始算起，京都走過好長好久的時間。

京都車站的設計「好像是眾人聚集且充滿活力的家。」—諾貝爾文學獎得主大江健三郎如此描述。進入二十一世紀的京都已經不是日本人的京都，而且是世界的古都，招待世界各地來的客人，讓人領略日本文化的美好，同時也在此追求進步的價值。後來大家所知的《京都議定書》，減少碳的排放量，讓生態系統保持平衡，食物的生產維持穩定，追求世界永久且持續的發展。

在古都追求人類未來的發展。

京都累積了千百年人類的歷史和文化智慧，京都車站從三樓以上直到十一樓的階梯，一層一層的鋪排上去，象徵歷史的階梯，在此層層疊疊的累積著，等待著世界的人來此。

京都不只是日本人的古都了，現在每年上千萬的遊客造訪。即使因為疫情的關係，短時間內無法進入，但古都在疫情之後，仍然會維持生命力，就像過去所面臨到的考驗一般，最後仍維持自己的姿態與風華，並且保持著優雅。

我曾經想過，如果有一天我在京都退休，會住在哪呢？有時我想住洛北，有時又想住洛東，腦袋已經在盤算以後可以在京都生活的每一天。有田園、森林，不用離群索居，隨時都可以找到閑散一下午的庭園或是博物館。走到累了，又有不同風情的咖啡店與茶館。飲食可以複雜，可以簡單，有米其林三星的懷石料理，也有錦市場的小吃，一年四季又有不同滋味的京野菜。

就這樣盤算著，我走進了京都，除了親身造訪，也閱讀了好多文獻。我著迷京都，所以迷了路，也就寫出了這本書。

對於京都人，還有造訪過京都，或是想要到訪的人，不論是街邊的祠堂、名勝古蹟，或是不同季節的祭典，歷史與文化是伸手就可以觸及，而且是可以親近的生活。京都是古典的、文學的，也是現代和未來的。

參考書目

1. 小林丈広，《明治維新と京都—公家社会の解体》（東京：臨川書店，1998）。
2. 小林丈広、高木博志，《京都の歴史を歩く》（東京：岩波書店，2016）。
3. 川嶋將生，《祇園祭——祝祭の京都》（東京：吉川弘文館，2010）。
4. 同志社社史史料編集所，《同志社百年史》（京都：同志社，1979）。
5. 京都文化博物館，《気球があがった：近代京都の一世紀（展覧会図録 1988 年》（京都：京都文化博物館，1988）。
6. 永山久夫，《和食全史》（台北：台灣商務印書館，2018）。
7. 上田純一編，《京料理の文化史》（東京：思文閣，2017）。
8. 西川幸治、高橋徹，《京都千兩百年》（上）、（下）（台北：馬可孛羅，2016）。
9. 李清志，《美感京都》（台北：時報文化，2018）。
10. 村田吉弘，《和食之心》（台北：健行文化，2020）。
11. 柏井壽，《一個人的京都秋季遊》（台北：時報文化，2017）。
12. 高木博志，《近代天皇制と古都》（東京：岩波書店，2006）。
13. 高橋昌明，《京都〈千年の都〉の歴史》（東京：岩波書店，2014）。
14. 橋爪紳也，《大京都モダニズム観光》（東京：藝術新聞社，2015）。
15. 原廣司，《聚落的 100 個教誨》（台北：大家出版，2017）。

16. 原田信男，《日本料理的社會史》（香港：三聯書店）

17. 蔡亦竹，《風雲京都》（台北：遠足文化，2017）。

18. 青木直己，《図説和菓子の歴史》（東京：筑摩書房，2017）。

19. 和田洋一，《新島襄》（東京：岩波書店，2015）。

20. 桑原秀樹，《宇治抹茶問屋4代目が教える お抹茶のすべて：歴史・種類・おいしい点て方、上手な選び方からスイーツレシピまで》（東京：誠文堂新光社，2015）。

21. 謝國興等主編，《茶苦來山人逸話：三好德三郎的台灣記憶》（台北：中央研究院台灣史研究所，2015）。

22. 曾齡儀，〈宇治茶と台湾烏龍茶——三好德三郎と日台間における茶の交流——〉，《東アジアにおける知の交流：越境・記憶・共生》（台北：國立臺灣大學出版中心，2018）。

23. 藤井宗哲，《淡・空味：日本禪寺典座的精進料理》（台北：橡實文化，2012）。

24. Alice Y. Tseng, The Imperial Museums of Japan: Architecture and the Art of the Nation（Washington: University of Washington Press, 2008）.

25. Takashi Fujitani, Splendid Monarchy: Power and Pageantry in Modern Japan（University of California Press, 1996）

京都 歷史迷走

作　　者／胡川安
主　　編／王俞惠
責任企劃／謝儀方
裝幀設計／倪旻鋒
內頁排版／唯翔工作室

第五編輯部總監／梁芳春
董事長／趙政岷
出版者／時報文化出版企業股份有限公司
108019台北市和平西路三段240號7樓
發行專線／（02）2306-6842
讀者服務專線／0800-231-705、（02）2304-7103
讀者服務傳真／（02）2304-6858
郵撥／1934-4724時報文化出版公司
信箱／10899 臺北華江橋郵局第99信箱
時報悅讀網／www.readingtimes.com.tw
電子郵件信箱／books@readingtimes.com.tw
法律顧問／理律法律事務所　陳長文律師、李念祖律師
印　　刷／和楹印刷有限公司
初版一刷／2020年6月5日
定　　價／新台幣350元

ISBN 978-957-13-8200-5 | Printed in Taiwan | All right reserved.

京都歷史迷走 / 胡川安著.
-- 初版. -- 臺北市：時報文化, 2020.06
304面；14.8*21公分
ISBN 978-957-13-8200-5（平裝）
1.日本史 2.人文地理 3.日本京都市　731.7521　109005802